역사를 바꾼
별난 직업 이야기

교과 연계 추천 도서
사회 3학년 2학기 2단원 달라지는 생활 모습
사회 4학년 1학기 4단원 시대마다 다른 삶의 모습
사회 4학년 2학기 2단원 사회 변화와 우리 생활
사회 5학년 2학기 1단원 우리 역사의 시작과 발전
사회 6학년 2학기 4단원 변화하는 세계 속의 우리

진짜진짜 공부돼요 16

역사를 바꾼 별난 직업 이야기

2019년 7월 22일 초판 1쇄
2021년 4월 30일 초판 4쇄

글 신현배   그림 이소영
펴낸이 김숙분   디자인 김은혜·김바라   영업·마케팅 이동호
펴낸 곳 (주)도서출판 가문비   출판등록 제 300-2005-60호
주소 (06732) 서울 서초구 서운로 19, 1711호(서초동, 서초월드오피스텔)
전화 02)587-4244/5   팩스 02)587-4246   이메일 gamoonbee21@naver.com
홈페이지 www.gamoonbee.com   블로그 blog.naver.com/gamoonbee21/
제조국 대한민국   사용 연령 8세 이상
주의사항 종이에 베이거나 긁히지 않게 조심하세요.

ISBN 978-89-6902-220-2   73810

ⓒ 2019 신현배

- 책값은 뒤표지에 있습니다.
- 잘못된 책은 구입하신 곳에서 바꾸어 드립니다.
- 이 책의 내용과 그림은 저자와 출판사의 허락 없이 사용할 수 없습니다.

이 도서의 국립중앙도서관 출판예정도서목록(CIP)은 서지정보유통지원시스템 홈페이지(http://seoji.nl.go.kr)와
국가자료공동목록시스템(http://www.nl.go.kr/kolisnet)에서 이용하실 수 있습니다.
(CIP제어번호 : CIP2019026000)

역사를 바꾼
별난 직업 이야기

신현배 글 · 이소영 그림

작가의 말

현재 우리나라에는 1만 2천여 개의 직업이 있다고 해. 일본이 1만 6천여 개, 미국이 3만여 개라고 하니 이 세상에 얼마나 많은 직업이 있는지 알겠지?

사람이 직업을 갖는 것은 자신과 가족의 생계를 꾸리기 위해서야. 직업을 갖고 일을 하면 살아가는 데 필요한 돈을 벌어 의식주를 해결할 수 있거든. 그뿐만 아니라 직업을 갖고 있으면 자신을 성장·발전시켜 자아를 실현하고 사회 발전에 기여할 수도 있어. 자신의 적성과 능력에 맞는 직업을 택해 일한다면 삶의 의미도 찾고 보람도 얻게 되지.

사회 구조의 변화에 따라 새로운 직업이 생겨나기도 하고, 과거에 인기 있던 직업이 사라지기도 해. 날이 갈수록 그 변화 속도가 빨라져, 얼마나 많은 직업이 하루아침에 없어지고 상상도 못 하였던 직업이 새롭게 등장하는지 몰라. 2016년 세계 경제 포럼의 〈일자리 미래 보고서〉에 의하면, "4차 산업 혁명 시대를 맞이하여 현재 초등학교에 들어간 어린이들의 65퍼센트 이상이 지금 존재하지 않는 직업을 얻어 일할 것이다."라고 전망했단다.

그렇다면 변화 속도가 느렸던 옛날에는 어떤 직업들이 있었을까? 옛날 사람들은 무슨 일을 하며 어떤 삶을 살았을까? 〈역사를 바꾼 별난 직업 이야기〉는 역사 속의 다양한 직업들을 자세히 소개하고, 이를 통해 숨겨진 역사와 민중의 생활 모습을 살펴보는 책이야. 전체를 다섯 파트로 나누어 내시·궁녀·의녀·다모·숙수·사관·암행어사·외지부·착호갑사·응사·봉수군·멸화군·마의·조졸·능참봉 등 궁궐·관청 주변 사람들의 직업 이야기, 책쾌·책비와 전기수·보부상·장빙군과 얼음장수·거간꾼·소금장수·바둑기사·심마니 등 보통 사람들의 직업 이야기, 백정·점쟁이·광대·노비·뱃사공·기생·거지 등 밑바닥 사람들의 직업 이야기, 인력거꾼·체전부·물장수·이발사·사진사·전화 교환수·나무장수 등 구한말 사람들의 직업 이야기, 전차 경기 기수·검투사·예언가·법관·해부학자 등 다른 나라 사람들의 직업 이야기 등을 담았어. 이런 직업들이 어떻게 생겨났고, 옛날 사람들은 무슨 일을 하며 살았는지 여러 가지 일화를 통해 생생하게 보여 주지. 흔히 알려진 역사적 사건이 아닌, 옛날 사람들이 생계를 위해 일상적으로 하는 일인 직업을 통한 이야기로 시대상과 생활상을 들여다보았단다.

또한 이 책에는 옛날 사람들의 직업뿐만 아니라, 2018년 한국 고용 정보

원에서 선정한 '4차 산업 혁명 시대의 유망 직업' 10개를 소개했어. 사물인터넷 전문가, 인공지능 전문가, 빅데이터 전문가, 가상현실 전문가, 3D 프린팅 전문가, 생명공학자, 정보 보호 전문가, 드론 전문가, 응용 소프트웨어 전문가, 로봇 공학자 등이 그것이야. 그리고 반려동물 전문 변호사, 사료 테스터, 침대 감별사, 골프공 다이버, 자유의 여신상 횃불 관리자, '대신 줄 서기', '대리 사과맨', 인형 의사, '인간 내비게이션', '음식 주문사', '흥정 대리인', '곡 도우미', 스네이트 밀커, 악취 감별사, 물고기 계산원 등 흥미진진한 세계의 이색 직업을 소개했단다.

  어린이 여러분들이 이 책을 통해 다양한 직업의 세계를 경험하면서 세상을 배우고, 자신의 진로와 직업을 선택하는 데 도움이 되었으면 좋겠어.

지은이 신현배

차례

제1부 궁궐·관청 주변 사람들의 직업 이야기

왕을 가까이에서 모시는 내시 ❈ 12
궁중에서 일하는 여성 공무원, 궁녀 ❈ 16
조선의 여성 의사, 의녀 ❈ 22
조선의 여성 형사, 다모 ❈ 27
궁중에서 음식을 만드는 남자 요리사, 숙수 ❈ 30
왕을 그림자처럼 따라다니는 사관 ❈ 34
왕이 비밀리에 지방에 파견한 관리, 암행어사 ❈ 39
조선의 변호사, 외지부 ❈ 43
호랑이 전문 사냥꾼, 착호갑사 ❈ 46
매 잡는 관리, 응사 ❈ 50
밤낮없이 망을 보며 봉수를 올리는 봉수군 ❈ 54
불을 끄는 조선의 소방관, 멸화군 ❈ 59
말을 치료하는 수의사, 마의 ❈ 63
세금으로 거두어들인 곡식을 배로 한양까지 운송하는 조졸 ❈ 67
왕릉을 지키는 능참봉 ❈ 71

부록—4차 산업 혁명 시대의 유망 직업, 세계의 이색 직업 ❈ 75

제2부 보통 사람들의 직업 이야기

책을 사고파는 책장수, 책쾌 ❈ 82
책 읽어 주는 전문 이야기꾼, 책비와 전기수 ❈ 86
장을 떠돌아다니는 상인, 보부상 ❈ 90
한강에서 얼음을 뜨는 장빙군과 얼음을 파는 얼음장수 ❈ 95
소를 사고파는 사람들을 연결해 주는 거간꾼 ❈ 99
소금을 지게에 지고 산골 마을을 찾아다니는 소금장수 ❈ 103
바둑을 두어 먹고사는 바둑 기사 ❈ 108
산신이 준다는 산삼을 캐러 다니는 심마니 ❈ 112
부록-4차 산업 혁명 시대의 유망 직업, 세계의 이색 직업 ❈ 116

제3부 밑바닥 사람들의 직업 이야기

소나 돼지를 잡는 백정 ❈ 122
인간의 길흉화복을 점치는 점쟁이 ❈ 125
연희를 팔아서 먹고사는 천민, 광대 ❈ 131
보통 '종'이라 불렸던 최하층 신분, 노비 ❈ 136
배를 부리는 천민, 뱃사공 ❈ 142
잔치나 술자리에서 노래, 춤 등으로 흥을 돋우는 기생 ❈ 146
포졸들도 두려워한 한양 거지 ❈ 150
부록-4차 산업 혁명 시대의 유망 직업, 세계의 이색 직업 ❈ 155

제4부 구한말 사람들의 직업 이야기

수레에 사람을 태우고 골목길을 자유자재로 다닌 인력거꾼 ❈ 162
도포 자락 휘날리며 긴 담뱃대를 물고 다닌 최초의 집배원, 체전부 ❈ 166
집집마다 물지게로 물을 길어 날라 주는 물장수 ❈ 170
우리나라 최초의 이발사는 왕실 이발사? ❈ 174
'영혼을 뺏는 기계'로 사진을 찍는 사진사? ❈ 178
최초의 전화 교환수는 상투를 튼 남자? ❈ 183
서울의 나무장수 ❈ 187
부록-4차 산업 혁명 시대의 유망 직업,
　　　세계의 이색 직업 ❈ 191

제5부 다른 나라 사람들의 직업 이야기

로마인들을 열광시킨 전차 경기 기수 ❈ 198
목숨을 걸고 싸우는 검투사 ❈ 202
세상을 깜짝 놀라게 한 예언가 ❈ 206
가발을 쓰고 재판을 하는 법관 ❈ 212
시체 도둑이 된 해부학자 ❈ 218
부록-4차 산업 혁명 시대의 유망 직업, 세계의 이색 직업 ❈ 222

제1부

궁궐·관청 주변 사람들의 직업 이야기

왕을 가까이에서 모시는 내시

　1405년(태종 5년) 10월 21일의 일이야. 태종은 시종을 불러 이런 명령을 내렸어.
　"세자가 공부를 안 하고 놀기만 좋아해서 큰일이구나. 열두 살이면 마음을 잡고 학문에 정진해야 할 나이인데, 정신을 못 차리니……. 이는 내시가 세자를 제대로 돌보지 않은 탓이다. 여봐라, 내시를 잡아들여 볼기를 치도록 하라."
　태종의 명이 떨어지자 시종은 내시를 잡아들여 볼기를 때렸어.
　"어이쿠, 엉덩이야! 세자마마가 공부를 안 하시는데 왜 제가 볼기를 맞아야 합니까?"
　"그걸 몰라서 묻느냐? 네가 세자마마를 제대로 모시지 않아 공부를 게을리하시는 게 아니냐?"

내시는 걷지 못할 정도로 엉덩이를 흠씬 두들겨 맞았어. 그는 억울하여 견딜 수가 없었어.

"세자마마, 제가 무슨 죄가 있기에 이런 형벌을 당해야 합니까?"

내시는 양녕대군을 보자 원망을 늘어놓았어.

"미안하구나. 나 때문에 볼기를 맞다니. 앞으로는 네가 이런 봉변을 당하지 않도록 조심하마."

양녕대군은 내시에게 미안한 마음이 들어 이렇게 말했어. 그러나 공부를 멀리하고 놀러 다니는 버릇은 고쳐지지 않았어. 여전히 대궐 밖으로 빠져나가 건달패와 어울려 다니며 술타령을 했지. 결국 양녕대군은 태종의 눈 밖에 나서 1418년(태종 18년) 세자 자리에서 쫓겨나고 말았단다. 그 대신 동생인 충녕대군이 세자로 책봉되어 왕위에 올랐지. 그가 바로 세종이야.

조선 시대에 내시는 대전·내전(왕비전)·세자궁·빈궁전 등에서 왕족의 심부름, 음식물의 감독, 궁궐 청소, 경비 등의 업무를 맡았어. 궁녀와 함께 궁중에서 일하는 남자들을 '내시'라고 한단다. 내시는 내시부에 소속된 하급 관리로 정원은 140명이었어. 내시부는 한양 북부에 있는 준수방, 즉 지금의 효자동에 있었어. 효자동에는 내시들이 많이 살아 '화자동'이라 불리었는데, 뒷날 '효자동'으로 이름이 바뀌었지. 내시들이 일하는 관청인 '내반원'은 궁궐 안에 있는 선정전 옆에 있었어. 내시는 가장 높은 관직인 종 2품 상선부터 가장 낮은 관직인 종 9품 상원까지 있었지. 이들은 직급에 따라 하는 일이 달랐어. 상선은 왕을 가까이에서 모시며, 왕의 수라상에 오르는 음식물의 감독, 궁중의 모든 내시들을 총괄하는 일 등을 했지. 다달이 받는 봉급은 쌀 1석 10말, 콩 10말로 정승보다 많았으며 권세는 판서보다 높았어.

내시는 궁궐 안에서 사는 장번 내시와, 궁궐을 출입하며 교대로 근무하는 출입번 내시가 있었어. 정식 내시가 되기 위해서는, 8세 전후에 궁궐로 들어가 10여 년 동안 엄격한 수습 과정을 거쳐야 했어. 내시가 된 뒤에도 자질 향상을 위해 〈논어〉·〈맹자〉·〈중용〉·〈대학〉을 비롯하여 〈소학〉·〈삼강행실〉 등을 주요 교과목으로 하여 다달이 시험을 치렀어. 그래서 성적 평가를 받아 이를 특별 근무 일수로 환산하여 정상적인 근무 일수와 함께 고과의 기준으로 삼았어. 그리고 고과법(조선 시대에, 벼슬아치의 근무 태도 등을 조사하여 성적을 매겨서 보고하던 규정)에 따라 일 년에 네 번 근무 평가를 했지. 따라서 내시들은 공부를 게을리하면 안 되었어.

그뿐만 아니라 내시는 목에 칼이 들어와도 왕을 모셔야 하기 때문에 인내력이 필요했어. 그래서 물고문, 모래고문, 나무에 매달려 있기 등 인내력 시험을 자주 보았지. 이 시험을 통과해야 내시로 일할 수 있었단다.

오늘날에는 내시와 환관을 구분하지 않지만, 내시는 내시부에 소속된 관리를 이르는 말이야. 그에 비해 환관은 생식기가 완전하지 못한 남자인 고자를 가리키는 말이지. 고려 중기 전만 해도 내시는 고자가 아니었어.

과거 급제자와 권문세가의 자제들이 내시로 일했지. 그런데 고려 중기 이후에 원나라의 환관 제도가 들어오면서 고자인 환관들이 내시가 되었단다. 그리고 조선 시대에도 궁중에 있는 왕의 여자인 수백 명의 궁녀들을 보호하기 위해 환관들이 내시가 되었지.

 역사에 기록된 유명한 내시로는 원한을 품고 있던 고려의 충선왕을 티베트로 유배 보냈던 원나라 환관 백안독고사, 공민왕을 살해한 환관 최만생, 한양과 경복궁의 실질적인 설계자였던 내시 김사행, 연산군에게 직언을 서슴지 않다가 손발이 잘리고 활에 맞아 죽은 내시 김처선 등이 있단다.

궁중에서 일하는 여성 공무원, 궁녀

궁녀는 옛날에 궁중에서 일하는 여성을 일컫는 말이야. 비빈, 왕비와 후궁들을 제외한 궁중의 모든 여인을 뜻하지. 나라에서 봉급을 받으며 일하는 관리로, 여성 공무원이라 할 수 있단다.

보통 궁녀라고 하면 상궁과 나인을 말하지. 이들은 왕이 있는 대전, 왕비가 있는 내전(왕비전), 대비가 있는 대비전, 세자가 있는 세자궁 등에서 시중드는 일을 했어. 궁녀는 종 9품에서 정 5품까지 10등급으로 나누어져 있는데, 상궁이 가장 높은 품계인 정 5품을 받았어. 그러나 같은 상궁이라도 그 직책에 따라 직급이 달랐단다.

우두머리 상궁은 제조상궁이야. '큰방상궁'이라고도 하는데, 수백 명에 이르는 모든 궁녀를 통솔했어. 또한 제조상궁은 왕명을 받고 내전의 모든 재산을 관리했어. '마나님'이라고도 불리었는데, 왕을 가까이 모시기 때문에 정치적인 영향력을 발휘하는 매우 중요한 자리였어. 재상들도 함부로 못할 만큼 권위가 대단했다고 해.

제조상궁 아래에는 내전의 창고를 맡아보는 부제조상궁(아리고 상궁), 왕을 그림자처럼 모시고 늘 대기 중인 대령상궁(지밀상궁), 왕의 자녀 교육을 맡아보는 보모상궁, 대령상궁 가운데 궁중 의식과 잔치 때 왕을 비롯한 왕족들의 안내와 진행을 담당한 시녀상궁, 궁녀들을 감찰하고 상벌·진급 등을 맡은 감찰 상궁, 궁중의 각 처소에서 아래 나인들을 총괄하며 모든 일을 맡아하는 일반상궁, 왕의 승은을 입었으나 자녀를 낳지 못한 나인인 승은상궁(특별상궁) 등이 있었단다.

상궁 아래에는 나인이 있어 상궁의 보조 역할을 했어. 20세 전후에 나인이 되면 15년쯤 뒤에 상궁으로 승진할 수 있었어. 나인 아래에는 견습 나인이 있는데, 정식 나인이 되기 위해 수습 과정을 거치는 어린 소녀들이야.

궁녀는 주로 궁중의 의식주에 관계된 일을 했어. 그것은 지밀(침전 담당), 침방(의복 담당), 수방(자수 담당), 세수간(세숫물 담당), 생과방(다과·음료 담당), 소주방(수라 담당), 세답방(빨래 담당) 등 일곱 가지로 나뉘었어.

소녀들은 궁녀가 되기 위해 5~8세에 궁궐에 들어갔어. 지밀나인이 되려면 4세에 궁궐로 들어갔는데, 가난한 백성의 딸들이 대부분이었어. 소녀들은 '아기나인' 또는 '생각시'라 불리며, 상궁들의 처소에서 혹독한 훈련을 받았어. 궁중 법도나 한글 궁체 쓰기 등을 익혔는데, 궁녀들의 한글 궁체

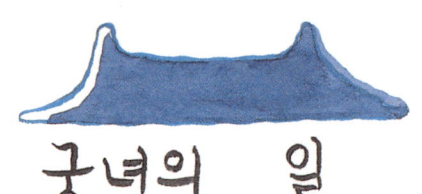

쓰기는 〈계축일기〉·〈인현왕후전〉 등의 빼어난 궁중 문학을 낳기도 했단다.

수습나인은 궁궐에 들어온 지 15년쯤 되면 관례를 올려 나인이 되었어. 이러한 관례는 성년식이기도 하지만 혼례식도 겸하고 있었어. 평생 왕이라는 한 남자만 바라보며 그를 위해 살아야 하기 때문이었지. 그러나 왕을 남편으로 꿈꾸는, 신부만 참석한 혼례식이었어. 이렇게 정식으로 궁녀가 되면 평생을 궁궐에서 살았어. 간혹 왕의 눈에 들어 후궁이 되는 경우도 있었지만, 대부분의 궁녀들은 궁궐에서 외롭게 살아야 했지.

거의 드문 일이지만 왕의 허락을 받으면 궁녀도 다른 남자와 혼인할 수 있었어. 그러나 이때는 신랑 되는 남자가 곤장 백 대를 맞았어. 감히 왕의 여자를 넘보았다고 그 죄 값을 치렀던 거야. 곤장 백 대를 죄인처럼 제대로 맞으면 죽을 수도 있기에 일부러 살살 때렸다고 해.

궁녀들은 평생 궁궐에 머물렀지만 특별한 경우에는 밖으로 나갈 수 있었어. 죽을병에 걸리거나, 나라에 큰 가뭄이 들었거나, 모시고 있던 상전이 죽었을 때였지.

조선 시대에는 궁녀의 원한이 쌓이면 가뭄이 일어난다고 믿었어. 그래서 원한을 풀어 가뭄을 해소하려고 궁녀들을 자주 궁궐 밖으로 내보냈다는구나.

조선 시대에 궁중에는 평균 500~600여 명의 궁녀가 있었어. 〈성호사설〉

에 의하면, 영조 때 684명의 궁녀가 있었단다.

궁녀는 하루 8시간 일했는데, 그다음 날 쉬는 격일 근무제였어. 야간 근무를 하는 지밀의 경우는 하루를 밤낮으로 나누어 2교대로 근무했어. 이튿날이 휴일이니 36시간을 쉬는 셈이었지. 궁녀들은 근무가 없는 날에는 한글 궁체 쓰기를 하거나 투호놀이·윷놀이·쌍륙놀이, 시조창·육자배기, 가창이나 연회 관람, 바느질 등을 하며 시간을 보냈단다.

궁녀들은 다달이 봉급을 받았어. 쌀·콩·북어 등을 받았지. 그리고 일 년에 두 번 명주·무명·베·모시 등을 지급받았단다. 가장 봉급을 많이 받는 궁녀는 제조상궁이었어. 장관급인 판서 대우를 받아 다달이 쌀 25말 5되, 콩 6말, 북어 110마리를 받았지. 가장 직급이 낮은 수습나인도 다달이 쌀 4말, 콩 1말 5되, 북어 13마리를 받았으니 봉급이 상당히 높은 편이었지.

궁녀들은 궁중에서 지내기 때문에 돈을 쓸 일이 별로 없었어. 따라서 봉급을 착실히 모아 재산을 늘린 궁녀들이 적지 않았어. 이들은 주로 집과 논밭 등을 사들였지. 인조·효종 때의 상궁 박씨는 한양 석관동·종암동 일대에 논밭 등 1만여 평의 땅이 있었고, 이 재산을 관리할 노비까지 두었다는구나.

궁녀는 일반적으로 상궁과 나인을 가리키는데, 넓은 의미로는 무수리·각심이·손님 등도 모두 포함된단다.

무수리는 궁중 각 처소에서 물 긷기·불때기 등의 잡일을 하는 여인이야. 푸른색 치마저고리를 입었는데, 허리띠에 무수리임을 나타내는 패가 달려 있었지. 이들은 개화기 때는 궁 밖에서 매일 출퇴근하면서 일했어. 영조의 친어머니인 숙빈 최씨가 무수리 출신이었다고 해.

각심이는 상궁의 처소에서 생활하는 가정부·식모·침모 등을 일컬어. 나라에서 월급을 주기 때문에 '방자'라고도 했지.

손님은 왕의 후궁 집에서 살림을 맡은 가정부야. 대부분 친정붙이로 궁 밖에서 온 사람이라고 해서 무수리·각심이와 구분하여 붙인 이름이야.

조선의 여성 의사, 의녀

1406년(태종 6년) 3월, 일반 백성들의 질병 치료를 맡은 관청인 제생원에서 지사로 있던 허도가 태종에게 이런 상소를 올렸어.

'부인이 병에 걸려 남자 의원에게 진맥하여 치료하게 되면, 부끄러움을 못 이겨 그 병을 보이지 않게 되고, 심하면 죽음에 이르게 됩니다. 따라서 창고나 궁사(관아)의 어린 여자아이 수십 명을 가려 뽑아 맥을 짚고 침을 놓는 법을 가르쳐, 부인들의 치료를 맡겼으면 합니다.'

태종은 상소를 읽고 고개를 끄덕였어.

"좋은 생각이다. 제생원에서 어린 여자아이들을 뽑아 교육시킨 뒤, 부인들의 치료를 맡기도록 하라."

태종의 명령에 따라 제생원에서 어린 여자아이 수십 명을 가려 뽑아 의술을 가르치도록 했어. 그리하여 마침내 우리 역사상 처음으로 여성 의사

인 의녀라는 직업이 생겨났지. 의녀들은 왕실 여성, 관료들의 집안 여성뿐 아니라, 선비나 서민 집안 여성들까지 치료했단다.

1423년(세종 5년) 11월 허도는 세종에게 다음과 같은 상소를 올렸어.

'태종 임금 때에 여자 의원 둘 것을 청하여 어린 여종들에게 의술을 가르쳐, 한양에 있는 의료 기관에서 일하게 했습니다. 그 결과, 존귀한 집안 여성뿐 아니라 선비나 서민 집안 여성들까지 모두 치료받을 수 있었습니다. 그러나 지방에 있는 부인들은 의료 혜택을 받지 못하고 있습니다. 그런즉 각도 지방 관청들의 여성들 중에 영리한 여자아이를 뽑아 한양으로 보내어 의술을 가르친 뒤, 지방으로 돌려보내 부인들의 병을 고치도록 하는 것이 어떻겠습니까?'

세종은 이 상소를 받아들여 지방에서도 부인들이 치료받을 수 있게 했단다.

〈경국대전〉에 따르면, 의녀는 3년에 한 번씩 뽑았어. 150명 가운데 70명을 골라 내의원에 두고 나머지는 지방으로 보냈어. 성종 때는 의녀들을 3년 동안 교육시키는 한편, 내의녀·간병의녀·초학의녀로 나누었어. 내의녀는 내의원에서 의술을 배워 의원으로 일하는 의녀이고, 간병의녀는 의

내의녀

간병의녀

초학의녀

술을 배우며 치료도 하는 의녀였어. 그리고 초학의녀는 의술을 배운 지 얼마 안 되는 의녀야.

의녀는 지방 각도의 관비 가운데 12~13세의 여자아이들을 뽑아 교육시켰어. 조선 후기에는 내의원과 혜민서에 소속되어 의술을 배웠는데, 그전에 〈천자문〉·〈효경〉 등을 가르쳐 글자를 익히게 했어.

조선 후기 내의원에는 의녀 22명이 있었어. 그 가운데 10명이 최상 등급인 '차비대령의녀'였지. 차비대령의녀는 왕이나 왕실 가족의 병환에 대비해 대령하는 의녀를 뜻한단다. 차비대령의녀 가운데 가장 의술이 뛰어난 의녀는 '어의녀'로 뽑혔어. 그리고 차비대령의녀를 제외한 나머지 의녀 12명은 맥을 잡는 맥의녀 1명과 침을 놓는 침의녀 11명으로 이루어졌어. 그 밖에 뜸을 놓거나 약을 조제하는 일을 돕는 의녀도 있었단다.

의녀들은 일 년에 두 번 급료로 쌀을 받았어. 내의원 의녀들 가운데 차비대령의녀 등 직급이 높은 의녀들은 다달이 쌀 11말을 받았고, 나머지 의녀들은 다달이 쌀 8말과 보리쌀 1말을 받았지. 혜민서에서 일하는 직급이 높은 의녀 3명은 쌀 8말, 보리쌀 1말을 받았단다. 의녀는 이렇듯 후한 대접을 받지 못했지만, 그들의 집안에는 양인이나 천민의 집에 주어지는 조세나 부역 등을 줄이거나 면제해 주었어. 또한 환자의 병을 고치면 쌀·콩·면포 등을 상으로 받았어. 침술로 공을 세워 종의 신분에서 벗어나 양인의 신분을 얻는 경우도 있었단다.

조선 시대에 의녀는 의료 활동뿐 아니라 다른 임무도 맡았어. 여성이 범죄를 저질렀을 때 수색하거나 체포하는 일, 죄인에게 사약을 가져다주는 일, 왕비의 능을 옮기거나 조성하는 일, 왕이 밤에 궁궐 밖으로 외출할 때 횃불을 드는 일도 했어. 또한 연산군 때는 호화 혼수를 막기 위해 신부의 혼수품을 조사했고, 연회 때 불려 나가 기생 노릇을 하기도 했어.

역사에 기록된 유명한 의녀로는 중종 때 어의녀로서 20여 년 동안 왕을 모신 대장금, 세종 때 임금의 충치를 고쳤으며 눈병·귓병을 잘 고치기로 이름났던 제주 출신의 장덕, 영조 때 침술이 뛰어났던 송월 등이 있단다.

조선의 여성 형사, 다모

제생원은 후에 혜민국(1466년 '혜민서'로 이름이 바뀜)으로 통합되었어. 혜민국에서 의녀 교육을 시키던 세조 때의 일이야. 1463년(세조 9년) 5월 예조에서 세조에게 의녀 교육에 대해 보고하며 이렇게 청했어.

"혜민국에서는 의녀들에게 다달이 책을 읽혀 시험을 치르고 있습니다. 이때 성적이 좋은 사람 세 명을 뽑아 월급을 주되, 세 번 낙제를 한 사람은 혜민국 다모로 보내는 것이 어떻겠습니까? 그 뒤 공부를 열심히 하면 다시 의녀로 복귀시키고요."

"그렇게 하라."

세조의 승낙으로 의술을 배우는 의녀들 중에 낙제생은 혜민국 다모가 되었지. 여기에 나오는 '다모'는 관청에서 차를 올리던 관비란다. 조선 초에는 일반 관청에 다모가 있어 식모 노릇을 했지.

그런데 조선 중기 이후부터 다모는 부녀자들에 대한 범죄 수사에 활용되기 시작했어. 포도청은 죄인을 잡고 신문하여 죄를 주는 기관이야. 조선 시대에는 '남녀 칠세 부동석'이라 하여 남자와 여자의 구분이 엄격했어. 따라서 남자 포졸이 여자 범인의 안채에 들어가거나, 몸을 수색할 수 없었어. 그러다 보니 여자와 관련된 사건이 일어났을 때 수사에 어려움이 많았지.

그때 포도청에서 다모를 여자 형사로 활용했어. 남자들이 하기 어려운 사대부 여성들에 대한 염탐과 수색, 사체 확인·검시 등을 맡겼단다.

다모는 반역 사건에 공을 많이 세웠어. 역적모의가 있다는 정보를 입수하면 죄인을 묶을 수 있는 오랏줄과, 단번에 제압할 수 있는 60센티미터짜리 쇠도리깨를 치마 속에 감추고 출동했어. 죄인이 확실하다는 물증을 잡으면, 쇠도리깨로 문을 부수고 들어가 "다모 출두야!"라고 외친 뒤 죄인을 사로잡았단다. 그러니 다모는 많은 사람들에게 공포의 존재였지.

다모에게는 '통부'라는 신분증이 있었어. 통부는 길이 2치, 두께 1푼인 나무 조각이야. 절반으로 쪼개, 한쪽은 포도대장에게 맡긴 채 나머지 반쪽을 갖고 다녔지. 그랬다가 죄인을 잡거나 신분 확인이 필요할 때는 통부를 보여 주었어. 다모에게는 상당한 권한을 주었어. 혹 죄인을 잡다가 살인을 해도 처형당하지 않고 유배형에 그쳤어. 다모는 죄인을 호송할 때 '종이광대'라 불리는 가면을 얼굴에 써서 자신의 신원을 감추었단다.

포도청에는 '다모간'이라 하여 다모들의 전용 집무실이 있었어. 다모들은 이곳에서 지내며 범죄 수사에 나섰지. 다모는 포도청뿐만 아니라 형조·의금부·사헌부 등에도 있었어. 그러다가 다모의 필요성이 커지자 지방 관청에까지 두게 되었지.

다모는 국가에 묶여 있는 노비의 신분이었지만, 되는 것이 쉽지는 않았어. 채용 조건에 맞아야 했거든. 포도청의 선발 요건에 따르면, 우선 키가 5척(약 150센티미터)이 넘어야 했어. 조선 시대 남성의 평균 키가 161센티미터, 여성의 평균 키가 149센티미터였으니 평균보다 키가 커야 했어. 그리고 쌀 5말(약 40킬로미터)을 가볍게 들어 올려야 했어. 또 막걸리 세 사발을 단숨에 마실 수 있어야 했지. 뿐만 아니라 발차기 등 무술에 능하고, 시아버지·남편의 이름도 서슴없이 부를 정도의 배포도 있어야 했어.

다모가 여자 형사 노릇을 하기 전에는 의녀가 그 일을 맡았어. 의녀는 여성이 범죄를 저질렀을 때 수색하고 염탐하고 체포하는 일 등을 했지. 하지만 그 일을 오래 할 수는 없었어. 의녀를 둔 이유는 환자를 치료하기 위해서였기 때문이야. 의녀는 조선 중기 이후 수사 업무에서 손을 떼게 되었지.

다모는 2003년 TV 드라마에서 주역으로 등장하여 선풍적인 인기를 끌었어. 이서진·하지원 주연의 드라마 〈다모〉가 대히트를 하여 '다모 폐인'이라는 말이 나돌 정도였어.

궁중에서 음식을 만드는 남자 요리사, 숙수

궁중에는 왕을 비롯하여 왕비·대비·왕자·공주 등 왕실 사람들이 살았어. 이들은 날마다 궁중에서 음식을 조리하는 곳인 수라간에서 만드는 음식을 먹었지.

조선 시대에 왕은 하루에 다섯 번쯤 수라상을 받았어. 새벽에 일어나면 '자리조반(초조반)'이라 하여 아침 수라 전에 가볍게 먹을 죽을 올렸어. 그다음에는 조수라(아침 수라), 주수라(점심 수라), 석수라(저녁 수라)의 세 끼 수라상을 올리고, 밤에는 밤참인 야참을 올렸지. 자리조반, 주수라, 야참 때는 죽이나 미음처럼 간단한 것을 올렸지만, 조수라와 석수라 때는 달랐어. 밥과 밑반찬 외에 열두 개 접시에 반찬을 따로따로 담은 12첩 밥상을 올렸단다.

수라상에 차린 음식들은 조선 팔도에서 바친 가장 좋은 농산물로 만든

것이었어. 왕에게 이처럼 최고로 좋은 상을 받게 하는 것은, 백성들이 잘 살도록 나라를 잘 다스려 달라는 뜻에서야. 흉년이 들어 백성들이 어려움을 겪게 되면, 왕은 명을 내려 수라상의 반찬 수를 줄였어. 백성들과 어려움을 함께 나누겠다는 뜻에서야.

조선의 왕 가운데는 정조처럼 아주 검소한 왕도 있었어. 그는 수라상을 받을 때 반찬을 세 가지 이상 차리지 못하게 했단다.

왕이 식사를 할 때는 보통 세 개의 상이 차려졌어. 왕 앞에 크고 둥근 밥상인 대원반이 놓이고, 그 옆에는 음식에 독이 들었는지 검사하는 기미상궁의 작고 둥근 밥상인 소원반이 놓였어. 그리고 대원반 앞에는 왕의 식사를 돕는 수라상궁의 네모난 밥상인 책상반이 놓였어. 책상반에는 채소, 달걀, 고기 등을 올려놓아, 그 자리에서 찌개 전골을 만들어 왕에게 바쳤지.

왕은 기미상궁이 음식을 조금씩 덜어 먹어 독이 없음을 확인하면, 수저를 들어 동치미 국물을 떠 마시는 것으로 식사를 시작했어. 그다음에는 밥 한 술과 국을 떠먹은 뒤 밥과 반찬들을 계속 맛보았지. 왕은 숭늉 그릇에 밥을 말아먹는 것으로 식사를 끝냈어.

수라간은 왕이 있는 대전, 왕비가 있는 내전(왕비전), 대비가 있는 대비전, 세자가 있는 세자궁, 세자빈이 있는 세자빈궁 등에 따로따로 있었어. 음식은 주방장인 종 6품 재부 밑에 종 7품 선부(반찬 담당), 종 8품 조부(조리 담당), 정 9품 임부(화열 담당), 종 9품 팽부(끓이는 일 담당) 등의 왕실 요리사인 숙수들이 만들었어. 숙수들은 종들을 거느리고 음식을 만들었단다.

종들은 '각색장'이라고 하여 저마다 분야별로 맡은 일들을 했어. 물 끓이는 탕수색, 생선 굽는 적색, 고기 굽는 자색, 술 만드는 주색, 차 끓이는 다색, 음식 찌는 증색, 밥상 차리는 삼배색, 불 밝히는 등촉색, 밥 짓는 반공, 두부 만드는 포장, 떡 만드는 병공, 그릇 관리하는 성상, 물 긷는 수공, 청소하는 수복 등이 있었어. 이들에게는 저마다 일을 돕는 사환을 1명씩 두었지. 따라서 각색장 390명, 사환 390명이 하루에 2교대로 숙수 밑에서 근무하며 음식을 만들었지.

수라간에서 일하는 사람들은 모두 남자였어. 그것은 궁중에서 음식 만드는 일이 여자가 맡기에는 매우 힘들기 때문이었지. 탕 하나를 끓여도 서너 시간이 걸릴 만큼 고된 작업이었어. 게다가 하루에도 네다섯 번씩 숨 돌릴 틈 없이 숯을 피워 요리를 해야 했거든.

궁중에서 큰 잔치나 제사, 사신 접대 등의 행사가 있을 때는 외부에서 숙수들을 더 불러들여 음식을 만들었어. 궁궐 안에 임시 주방인 숙설소를 세워 숙수 40~50명이 요리를 했지.

구한말 왕조의 몰락으로 궁중 요리사인 숙수들은 일자리를 잃어버렸어. 이들 가운데는 궁중 요릿집을 열어 크게 성공한 사람도 있었어. 고종의 요리사였던 안순환은 1903년 요릿집 '명월관'을 황토마루에 세워 궁중 요리로 사람들에게 선풍적인 인기를 끌었단다.

왕을 그림자처럼 따라다니는 사관

　조선은 모든 권력이 왕에게서 나오는 전제 군주 국가였어. 그렇다고 해서 왕이 모든 일을 제 맘대로 할 수 있는 것은 아니었지. 나라에는 왕의 독주를 막으려고 사간원, 사헌부 등의 언관 제도와 왕의 일거수일투족을 기록하는 사관 제도가 있었어.
　조선 시대에는 실록 편찬을 맡은 춘추관이 있었어. 춘추관의 기사관은 그날그날 일어나는 사건을 기록했어. 이들 사관들은 왕과 신하들이 나랏일을 논의하는 자리는 물론, 연회를 벌이는 자리에도 빠짐없이 참석해 일어난 일을 기록했지.
　왕의 잘못을 간하는 사간원 등과 더불어 사관은 왕을 아주 곤란하게 만드는 사람들이야. 정확한 기록을 남기려고 왕을 그림자처럼 따라다녔으니 말이야. 두 명의 사관 가운데 한 사람은 왕의 말을 기록했고, 다른 한 사람

히잉~.

은 왕의 행동을 기록했어. 먹물 통과 종이를 갖고 다니며 귀에 꽂은 붓을 들어 왕의 말과 행동을, 그리고 신하들의 사사로운 발언 내용까지 재빨리 받아 적었지.

　1404년(태종 4년) 2월 8일에 이런 일이 있었어. 사냥을 좋아하는 태종은 사냥에 나섰어. 그는 노루 한 마리를 발견하고는 말을 타고 달리며 활을 쏘았지. 그런데 그만, 말이 거꾸러지는 바람에 떨어지고 말았어. 태종은 몹시 창피했나 봐. 몸을 일으키며 신하들에게 이런 말을 했던 거야.

　"이 일은 사관이 모르게 하라."

　하지만 사관이 이 일을 놓칠 리 없지. 사관은 "이 일은 사관이 모르게 하라."는 태종의 말까지 실록에 기록했어.

사관이 모르게 하라고 하셨다.

엥?

이 일은 사관이 모르게 하라.

사관

늘 이런 식이니 왕은 감시당하는 것 같아 짜증이 났겠지. 1401년(태종 1년) 7월 8일에는 또 이런 일이 있었어.

태종은 신하들과 편전에 앉아 이야기를 하고 있었어. 그때 사관 민인생은 문 밖에 숨어서 이들의 이야기를 엿듣고 있었어. 태종은 민인생을 발견하고는 화가 나서 소리쳤어.

"몰래 숨어서 내 말을 엿들어? 참으로 음흉스럽구나. 지난번 내가 매사냥을 떠났을 때는 얼굴을 가리고 미행하더니……."

태종은 노발대발하며 사관 민인생을 멀리 귀양 보냈어.

사관들은 왕뿐 아니라 관리들에게도 수모를 당했어. 따귀를 맞거나 발로 걷어차이기도 했거든. 사관들이 보고 들은 것을 하나라도 더 기록하려고 애쓴 것은, 그 시대의 역사를 빠짐없이 기록하여 후대에 전하기 위해서였지. 사관들이 그날그날 기록한 일기를 '사초(史草)'라고 하는데, 사초는 실록을 편찬할 때 자료로 사용된단다.

사초는 사관 말고는 아무도 볼 수 없었어. 심지어 왕조차도 볼 수 없었지. 이처럼 비밀을 요하는 기록이었기 때문에, 사초를 사관들은 각자 집에 보관했어. 그랬다가 실록을 편찬할 때 실록청에 제출했어.

왕이 죽으면 사관들은 사초를 바탕으로 실록을 완성했단다. 그러고는 세검정 냇가에서 사초 원본을 깨끗이 물에 빨아 없앴어. 사초를 따로 보관하지 않는 것은, 뒷날 당파 싸움에 악용되는 등 말썽을 일으킬 수 있기 때문이었지.

실록이 완성되더라도 왕은 그것을 볼 수 없었어. 〈태종실록〉이 완성되었을 때 세종은 이것을 보려고 했어. 그러자 맹사성 대감이 "왕이 실록을 보면 사관들이 후환이 두려워 역사를 사실대로 기록하지 못한다."라며 반대했어. 결국 세종은 「태종실록」을 보지 못했지.

〈조선왕조실록〉에는 대신은 물론 왕의 허물까지도 거침없이 기록되어 있어. 따라서 어느 사료보다 공정하고 신빙성이 높은 실록이라는 평가를 받아.

〈조선왕조실록〉에는 역사적 사실뿐 아니라 그에 대한 논평도 달아 놓았어. '사신(史臣)은 논한다.' 하면서, 왕과 대신들의 말과 행동, 인물평까지 말이야.

사관은 중종이 세상을 떠난 날, 이렇게 평했단다.

'……왕(중종)은 인자하고 유순한 면은 있으나 결단성이 부족하여, 일할 뜻은 있었지만 해 놓은 일은 별로 없었다. 좋아하고 싫어함이 분명하지 않고, 어진 사람과 간사한 무리를 뒤섞어 등용했기 때문에 재위 40년 동안 혼란할 때가 많았다. 그리하여 조금도 안정을 이루지 못했으니 슬프도다.'

사관은 왕이라고 해서 봐 주는 법이 없었어. 잘못이 있으면 거침없이 비판하고 그 내용을 기록으로 남겼지.

사관들이 이처럼 철저히 기록한 덕에, 조선 왕조 25대 472년의 역사는 〈조선왕조실록〉 1,893권 888책에 고스란히 담겼지. 〈조선왕조실록〉은 조선의 역사를 빠짐없이 정직하게 기록하여, 세계에 자랑할 만한 소중한 문화유산으로 꼽히고 있단다.

왕이 비밀리에 지방에 파견한 관리, 암행어사

　암행어사는 조선 시대에 왕의 특명을 받고 지방을 돌아다닌 관리야. 지방 관리들이 정치를 잘하고 있는지 감찰하고, 백성들의 생활 상태를 조사했지. 공식적인 활동을 시작할 때 비단옷인 수의를 입기 때문에 암행어사를 '수의'라고도 했어.

　암행어사라는 이름이 실록에 처음 나온 것은 중종 때였어. 지방 수령들의 비리 문제가 계속 터지자 왕들은 암행어사를 지방에 보냈는데, 조선 후기에는 더욱 빈번하게 암행어사를 파견했어. 특히 숙종 대부터 정조 대까지 암행어사 활동이 가장 활발했어. 정조 대에는 암행어사를 60회나 파견했단다.

　암행어사는 대간·언관 등 왕이 신임하는 젊은 관리들 가운데서 뽑거나, 의정부에서 중신들이 후보로 추천한 사람들 가운데서 한 사람을 왕이 최종적으로 뽑았어. 신진 관료로서 왕에 대한 충성심과 정의감이 강하고, 파견 지역에 연고가 없는 사람을 암행어사로 뽑았단다.

명종 때는 전국 8도에 한 사람씩 암행어사를 파견했어. 이것을 '8도 암행어사'라고 해. 하지만 한 도에 수십 개의 고을이 있어, 암행어사 혼자 모두 돌아다닐 수 없었어. 그렇다고 암행어사의 수를 늘리면 비용도 많이 들 뿐 아니라 비밀을 유지하기도 어려워. 그래서 감찰할 고을을 왕이 제비뽑기를 하여 정했어. 이것을 '추생'이라고 하는데, 댓가지에 고을 이름을 각각 적은 다음 그중 하나를 왕이 뽑았어.

그렇게 하여 감찰할 고을이 정해지면, 왕은 암행어사에게 어사의 임무와 목적지가 적힌 봉서(封書), 어사의 직무 규칙이 기록된 책인 〈팔도어사재거사목〉 한 권, 어사의 신분증인 마패 한 개와 유척(조선 시대 때 쓰이던 한 자 한 치 길이의 표준 자. 놋쇠로 만들었는데, 주로 지방 수령이나 암행어사가 시체를 검안할 때 썼다) 두 개, 그리고 여행 경비를 주어서 보냈어.

봉서는 겉봉에 '남대문 밖에 나가 뜯어보아라.'라고 적혀 있었어. 미리 뜯어보거나, 출발하기 전에 그것을 들고 자기 집에 들르거나 하면 처벌을 받았어. 또한 암행어사로 떠나면 임무를 마치기 전에는 돌아올 수 없었어. 부모가 세상을 떠나도 말이야.

암행어사는 자신의 신분을 감춘 채 허름한 옷을 입고 해당 고을로 갔어. 그러고는 고을 곳곳을 돌아다니며 비밀리에 수령의 비행이나 업적, 백성

들의 생활 형편을 조사했지.

수령에게 큰 비리가 있으면 암행어사가 직접 관가로 나갔는데, 이것을 '출두' 또는 '출도'라고 해. 역졸이 마패로 문을 두드리며 "암행어사, 출두요!"라고 외쳤지. 그러면 역졸들이 벌 떼같이 관가로 모여들었단다.

암행어사는 수령의 부정과 비리를 적발하고 그 자리에서 처벌했어. 즉, 수령의 관인을 거두어들이고 봉고파직을 했지. 수령의 관인을 거두어들이는 것은 수령의 직무 집행을 정지하는 것이고, 봉고파직은 다른 조사관이 상세히 증거를 조사하도록 창고 문을 봉하고 수령을 파직하는 거야. 이렇게 되면 이웃 고을의 수령이 새 수령이 부임할 때까지 겸직을 했어.

암행어사는 그 고을을 떠나면, 우선 한양 근처의 역참에서 왕에게 보고할 내용을 자세히 작성했어. 그것은 서계와 별단으로 나누어지는데, 서계는 자신의 감찰 활동 결과를 적은 문서이고, 별단은 상세한 보고가 필요한 내용을 별도로 기록한 것이야.

암행어사는 한양으로 돌아와 서계와 별단을 왕에게 바쳤어. 임무를 훌륭히 수행함으로써 왕에게 인정받은 사람들이 많았어. 박문수를 비롯하여 학자로 이름 높은 퇴계 이황, 다산 정약용, 추사 김정희 등이 젊은 시절 암행어사로 활동했으며, 수많은 정승 판서들이 암행어사를 거쳤단다.

암행어사 제도는 1896년 고종이 경상도에 파견한 암행어사 장석룡을 끝으로 폐지되었어.

조선의 변호사, 외지부

조선 시대에는 소송이 많았어. 소송은 민사 재판인 '송사', 형사 재판인 '옥사'로 나뉘었는데, 재판을 한 사람은 지방 수령인 목사·부사·군수·현령·현감 등이었어. 1심 재판에서 패소한 경우에는 각 도의 장관인 감사(관찰사)에게 항소할 수 있었는데, 이것을 '의송'이라고 해. 의송에서도 패소하면 중앙의 사헌부에 상소할 수 있었어.

지방 수령들은 수사와 재판을 모두 담당했는데, 소송 때문에 엄청 바쁘게 지냈어. 지방 수령이 맡은 일 가운데 70퍼센트 이상이 소송에 관한 것이었거든. 1838년(현종 4년) 전라도 영암 군수가 7월 한 달 동안 처리한 백성들의 소장이 187건이나 되었다고 해.

조선 시대에는 신분의 높고 낮음에 관계없이 누구나 소송을 제기할 수 있었어. 조선은 법에 의해 다스려지는 법치 국가였기 때문에, 억울한 일을 당하면 자신의 권리를 찾기 위해 법에 호소할 수 있었던 거지.

그런데 당시에 소송은 모두 문서를 통해 이루어졌어. 소송 당사자가 소장을 작성하여 자신이 사는 고을 관아에 제출했지. 관아에 들어가 소장을 형방 형리에게 접수하면, 소장은 수령에게 전달되었어.

하지만 일반 백성들이 소장을 작성하여 관아에 제출하는 것은 쉬운 일이 아니었어. 당시에 글을 아는 사람은 전 국민의 5퍼센트밖에 되지 않았거든. 게다가 작성 방식이 복잡하고 법률 지식이 부족하여 소장을 쓴다는 것은 상당히 어려운 일이었어. 설령 고을 서당 훈장 등의 도움으로 간신히 소장을 작성한다고 해도, 그것을 고을 관아에 가서 직접 접수시킨다는 것은 공포스러운 일이었어. 관아 문지기가 눈을 부릅뜨고 지키는 대문을 통과하여, 그림자를 밟기도 겁나는 형방 형리에게 넘겨야 하니 말이야.

그뿐만이 아니야. 당시에는 소송을 제기한 사람이 재판에 필요한 증거를 수집하고 변론을 할 책임이 있었어. 어떤 경우에는 원고가 피고를 재판정에 데려와야 재판이 이루어졌거든. 따라서 일반 백성이 소송을 제기한다는 것은 참으로 힘든 일이었어. 결국 억울한 일을 당해도 소송을 할 수 없어 피해를 보는 경우가 많았지.

그래서 오늘날의 변호사처럼 백성들을 대신하여 소송을 해 주는 사람들이 생겨났는데, 이들이 바로 '외지부'야. 이들은 법률 지식이 부족한 소송 당사자를 위해 돈을 받고 소장을 대신 작성해주기도 하고, 소송을 유리하게 이끌어 승소할 수 있도록 도와주기도 했지.

'외지부'는 '밖에 있는 지부'를 뜻하는 말이야. 고려 시대에는 조선 시대의 장례원처럼 노비 문서와 소송을 맡은 관청인 '도관지부'가 있었어. 관리도 아니면서 도관(형부 소속 아문) 밖에서 지부(도간에 파견되어 노비 소송을 판결하던 형부 소속 종 3품 관리인 '지부사'의 줄임말) 행세를 하는 사람이라고 해서 붙여진 이름이었지.

억울한 일을 당한 백성들에게는 외지부가 얼마나 큰 도움이 되었겠니? 하지만 조선 정부에서는 외지부가 눈엣가시였어. 외지부들이 관여하자 송사가 많아지고 재판이 길어졌거든. 심지어 대를 이어 재판을 하는 경우도 있었어.

그리하여 1478년(성종 9년) 외지부의 활동은 전면 금지되었어. 법을 어기고 활동하다가 발각되면 외지부와 그 가족을 함경도 변방으로 쫓아 버렸지. 외지부를 고발하는 사람에게는 면포 50필을 상으로 주었고, 고발하지 않는 사람은 장 100대를 때려 3천 리 유배형을 내렸단다.

그러나 이런 단속에도 불구하고 외지부는 조선 후기까지 은밀히 숨어서 활동했어. 1603년(선조 36년) 11월 25일 사헌부에서는 조정립이라는 사람을, 외지부로 평생 일하며 재산을 모았다고 탄핵한 적이 있었단다.

호랑이 전문 사냥꾼, 착호갑사

옛날에 우리나라에는 호랑이가 많이 살았어. 호랑이는 백두산에서 전라도 목포까지 전국에 걸쳐 널리 퍼져 있었지.

조선 시대만 해도 호랑이가 인왕산·북한산에서 내려와 한양 거리를 어슬렁거렸다는 기록이 남아 있어. 태종 때는 호랑이가 경복궁으로 숨어 들어와 근정전 뜰을 돌아다녔어. 선조 때는 호랑이가 창덕궁에 나타나 사람을 문 적이 있었어. 호랑이가 가정집의 개를 물어가는 일이 많았다고 해. 임진왜란 뒤인 당시에 조선 정부는 한양을 지키는 훈련도감의 포수를 동원하여 호랑이 발자국을 추적했어. 그러자 놀라운 일이 밝혀졌지. 창덕궁 안에 어미호랑이가 여러 마리의 새끼를 낳아 버젓이 키우고 있었던 거야. 또한 구한말에는 호랑이가 서울 장안에 있는 러시아 공사관 근처에 나타나 사람들을 놀라게 하기도 했어.

1908년 11월에는 궁정동에 있는 영조의 어머니 숙빈 최씨의 신위를 모신 사당 '육상궁'에 밤마다 큰 호랑이가 나타났어. 호랑이는 으르렁거리며 돌아다녀 궁 안에 있는 사람들을 공포에 떨게 했지.

조선 시대에는 사람을 해치거나 가축을 물어가는 등 호랑이에 대한 피해가 많았어. 〈조선왕조실록〉을 보면 호랑이가 나타났다는 기사가 937회 나오며, 호랑이에게 피해를 입은 사람이 모두 3,989명에 이르고 있어. 조선 초인 태종 2년(1402년) 경상도에서만 호랑이에게 물려 죽은 사람이 반년 만에 거의 100명이었어. 숙종 때는 6, 7년 사이에 강원도에서만 300여 명이 호랑이에게 희생을 당했으며, 영조 때는 경기도에서만 한 달 동안 120여 명이 호랑이에게 물려 죽었어. 그러니 백성들은 호랑이가 무서워서 마음 편히 산속을 다닐 수가 없었지.

영조 46년(1770년) 경기도 양주 고을에서 새로 원이 부임하여 작성한 인수인계 문서인 「해유 문서」를 보면, 양 10마리 중에 5마리, 염소 88마리 중에 31마리, 돼지 156마리 중에 1마리가 호랑이에게 피해를 입었다고 기록되어 있어. 돼지는 우리에 넣어 길러 피해가 거의 없었는데, 양과 염소는 놓아기르기 때문에 피해가 많았던 거야.

호랑이가 들끓어 이렇게 피해가 끊이지 않자, 조선 정부에서는 '착호갑사'라는 호랑이 전문 사냥꾼을 두기까지 했어. 이들은 호랑이만 잡는 군인으로서 무사들 가운데 무술이 뛰어나고 담력과 용기를 가진 사람들로 이루어졌어. 그들은 호랑이가 나타났다고 하면 곧바로 출동해 발자국을 추적하여 사냥했지.

착호갑사는 세종 때 40명이었다가 성종 때는 440명으로 늘어났어. 호랑이의 피해가 전국 각지에서 일어나자, 지방에서도 착호갑사를 뽑아 호랑이 사냥에 나섰지.

중앙의 착호갑사는 아무나 뽑지 않았어. 지원자들을 호랑이 사냥에 내보내, 누가 먼저 활을 쏘고 창을 찔렀는지 따져 성적순으로 뽑았단다. 지방에서는 절도사가 군인·향리·역리·노비 가운데 뽑았으며, 지원자가 없으면 힘 좋고 덩치가 큰 사람을 뽑았지.

착호갑사가 되면 임금이 군사 훈련을 겸해 벌이는 사냥인 '강무' 때 반드시 동행했어. 어가 행렬의 앞과 가운데에 배치되어 임금을 호위했어.

조선 후기에 와서는 새 주둥이처럼 생겼다고 '조총'이라 불리는 화승총이 등장하여 한결 호랑이 사냥이 쉬워졌어. 하지만 화승총은 가까이에서 쏘아야 하고, 다시 쏘려면 시간이 걸려 호랑이를 한 방에 거꾸러뜨리지 못하면 오히려 당할 수밖에 없었어.

일제 강점기에 일본 사람들은 맹수의 피해를 없앤다며 포수들을 시켜 대대적으로 호랑이 사냥에 나섰어. 1915~1942년까지 97마리의 호랑이를 잡았는데, 1921년 경주 대덕산에서 사냥한 호랑이가 남한에서의 마지막 호랑이라는구나.

매 잡는 관리, 응사

조선 초에 명나라는 조공을 바치라며 몹시 괴롭혔어. 명나라가 요구하는 것은 처녀와 말과 매였어. 명나라 황제의 후궁으로 들어갈 처녀를 왕과 왕비가 경회루에서 직접 뽑았으며, 중국에 보낼 말들을 전국의 목장에서 선발했어. 그리고 명나라에 바칠 매를 잡기 위해 장수들을 평안도·함길도 지방에 보냈지. 하지만 장수들은 매를 한 마리도 잡지 못했단다.

세종은 속이 탔어. 명나라가 요구하는 매를 충분히 마련해야 하는데 매를 전혀 잡지 못했으니 말이야.

세종은 생각다 못해 도화원에 이런 명령을 내렸어.

"매의 생김새를 종류별로 자세히 그리도록 하라."

도화원 화가들이 매 그림을 그리자, 세종은 이를 전국에 배포했어. 매가 이렇게 생겼으니 백성들이 모두 나서서 잡아 바치라는 것이었지.

매를 잡는 사람에게는 두둑한 상이 마련되었어. 벼슬이 없는 사람에게는 8품 벼슬을 주고, 벼슬이 있는 사람에게는 한 등급씩 올려 주기로 한 거야. 벼슬에 오를 수 없는 천민들에게는 쌀 50석과 무명 50필을 주기로 했어.

세종은 매를 잡기 위해 '응방'이라는 관청을 두었어. 응방에는 매사냥꾼인 응사들이 매를 잡기 위해 전국 곳곳을 돌아다녔지.

세종 10년(1428년) 10월 2일 응사 20여 명이 말을 타고 궁궐을 향해 달려가고 있었어. 이들은 매 한 마리를 잡아 돌아오는 길이었어.

응사 일행은 운종가에서 사헌부 지평 문승조와 마주쳤어. 사헌부 지평이라면 정 5품의 높은 벼슬이어서 길가에 엎드려 예의를 차려야 했지.

그러나 응사 일행은 말에서 내리지 않고, 못 본 체 지나치려고 했지. 문승조가 그것을 보고 화가 나서 소리쳤어.

"네 이놈들! 잡직 주제에 조정의 대관을 보고도 못 본 체해?"

"죄송합니다. 저희들은 명나라에 바칠 매를 가지고 가기에 조심해야 합니다. 매를 놀라게 하면 안 되거든요."

"그래서 말에서 내릴 수 없다는 거냐? 고얀 놈들! 당장 말에서 내리지 못할까?"

문승조는 응사들을 말에서 끌어내렸단다.

이 소식을 들은 세종은 문승조를 불러 꾸짖었어.

"응사들을 말에서 끌어내려 매를 놀라게 해? 용서할 수 없다! 당장 집으로 돌아가라!"

세종은 매를 놀라게 한 죄로 문승조를 벼슬자리에서 쫓아냈어.

매를 잡아 모으면 명나라 사신이 가져가거나, 조선 사신이 명나라로 가져갔어.

세종 9년(1427년) 11월 상호군 이사검이 중국에 매를 바치는 사절인 '진응사'로 명나라에 갔을 때 이런 일이 있었어. 매가 긴 여행에 스트레스를 받아 죽어 버린 거야.

이사검은 죽은 매를 명나라 황제에게 바치며 눈물로 아뢰었어.

"우리 전하께서 지극한 정성으로 매를 잡아 황제 폐하께 바치라 하셨으나, 오는 길에 병들어 죽고 말았습니다. 모두 다 제 잘못입니다. 저를 용서해 주십시오."

이사검은 용서를 구하며 눈물을 펑펑 흘렸어.

황제는 그 모습이 딱해 보였는지 이사검을 달래었어.

"하는 수 없지 않으냐. 그만 울어라. 네 허물이 아니다. 조선에 너 같은 충신이 있었다니……."

황제는 이사검을 위로하며 장군모를 선물로 주었다는구나.

매를 잡는 관청인 응방에는 응사들이 근무하고 있었어. 〈조선왕조실록〉

1430년(세종 12년) 7월 2일 자에는 "응사 90명이 3패로 나누어 교대로 근무하고 있다."라고 적혀 있지. 이들은 사복시(궁중의 가마나 말에 관한 일을 맡아보던 관아)에 소속되어 '응패'라는 신분증을 가지고, 3교대로 근무하면서 매사냥을 했지.

응사는 임시 관직이었지만 인기가 높았어. 꼬박꼬박 봉급을 받는 데다 군역까지 면제를 받았거든. 그렇지만 매를 한 번도 본 적이 없는 사람들이 상당수여서 매사냥은 지지부진했지. 그래도 왕의 명을 받아 매사냥을 한다며 위세를 부리기 일쑤여서 지방 관리들에겐 이들이 눈엣가시였단다.

세월이 흐르면서 명나라에서 바치라는 매의 양이 줄어들자, 응사들은 매로 꿩을 잡는 일로 바빠졌어. 왕의 종친들이 응사들에게 꿩을 잡아 바치라고 요구했거든. 그런데 그 양이 적지 않아 응사들은 꿩을 잡느라 무척 고생했다는구나.

밤낮없이 망을 보며 봉수를 올리는 봉수군

    전화나 인터넷이 없던 옛날에는 외적의 침입 등 나라의 위급한 상황을 알리기 위해 봉수라는 통신 제도를 사용했어.

    봉수란, 높은 산봉우리에 봉화대를 설치하고 밤에는 횃불(봉), 낮에는 연기(수)를 피워 신호를 보내는 것을 말해. 봉수는 중국 주나라 때부터 시작되었다고 해. 주나라 유왕이 애첩 포사의 웃는 얼굴을 보려고 거짓 봉화를 피워 지방 제후들을 궁궐로 불러들였다는 이야기가 있어.

    우리나라에서도 봉수를 일찍부터 사용했는데, 〈삼국유사〉에 가락국의 시조 수로왕이 왕비를 맞아들일 때 봉화를 올렸다는 기록이 있어. 〈삼국사기〉에도 봉화·봉산성 등의 기록이 보여 삼국 시대부터 봉수가 있었음을 확인할 수 있어.

    그런데 봉수가 조직적으로 운영된 것은 고려 시대부터야. 밤에는 횃불,

낮에는 연기를 피워 급한 소식을 전했어. 평상시에는 한 번, 경계 태세이면 두 번, 교전 준비 단계이면 세 번, 적과 아군이 접전하여 급박한 상황이면 네 번씩 봉수를 올리도록 했어.

조선 시대에는 고려의 봉수 제도를 이어받아, 전국의 모든 봉수가 집결하는 중앙 봉수인 한양 남산의 경봉수를 중심으로 봉수 체제를 확립했어.

조선 전기에는 전국에 650여 개의 봉수대가 있었는데, 다섯 갈래의 봉수로를 만들어 남산으로 연결되게 했어. 남산 꼭대기에는 다섯 개의 봉수대가 있는데, 제1봉은 함경도와 강원도와 경기도를 거쳐 오는 봉수, 제2봉은 경상도와 충청도와 경기도를 거쳐 오는 봉수를 받았어. 그리고 제3봉은 평안도와 황해도와 경기도 내륙을 거쳐 오는 봉수, 제4봉은 평안도, 황해도의 바닷길과 경기도의 육로로 들어오는 봉수, 제5봉은 전라도 해안과 충청도 내륙, 경기도 해안을 거쳐 오는 봉수를 받았어.

봉수는 고려 시대와 마찬가지로 올리는 횟수를 달리하여 정세를 알렸어. 즉, 평상시에는 봉수를 한 번 올리고, 적이 나타나면 두 번, 적이 국경 가까이 오면 세 번 올렸어. 그리고 적이 국경을 침범하면 네 번, 적과 아군이 전투를 벌이면 다섯 번 올렸어.

만약에 안개나 비, 바람 등으로 봉수가 어려워지면 대포를 쏘거나 나팔을 불어 알리고, 봉수군이 다음 봉수대까지 달려가서 알렸어.

변경에서 올린 봉수가 남산에 도착하는 데는 열두 시간쯤 걸렸어. 이렇게 다섯 갈래에서 들어오는 봉수는 병조에서 날마다 파악해 이튿날 새벽 승정원에 보고하여 임금에게 알렸어.

봉수 제도는 1894년(고종 31년) 갑오개혁 때 근대적인 통신 제도가 들어오면서 폐지되었어.

봉수는 횃불과 연기를 피워 신호를 보내는 것이야. 그러므로 횃불과 연기를 피우는 것은 봉수대에서 가장 중요한 일이었어.

우리나라의 봉수에서는 횃불과 연기를 만드는 재료로 쑥·싸리·풀·솔잎·겨·섶나무·담배 잎·말똥·소똥 등을 사용했어.

봉수에서 연기를 내는 데는 이리 똥이나 여우 똥이 최고의 연료라고 해. 땔감에 섞어 불을 피우면 연기가 똑바로 올라가기 때문이야. 바람이 불어도 연기가 흩어지지 않아 오랜 옛날부터 중국에서 많이 쓰였다고 해. 그러나 우리나라에서는 이리 똥이나 여우 똥을 구하기 어려워 말똥이나 소똥을 사용했어.

이리나 여우는 날카로운 이빨로 동물의 피부나 뼈까지 먹는 습성이 있어. 그래서 똥에 동물의 털이나 뼈가 섞여 있단다. 그런데 이 똥을 솔잎에 넣어 태우면 연기가 바람에 흩어지지 않고 똑바로 올라간다는 거야. 그리고 솔잎이나 담배 잎에는 연기를 짙게 하는 성분이 들어 있다고 해.

봉수의 임무는 봉수군과 오장이 맡았어.

봉수군은 밤낮으로 망을 보며 봉수를 올리고 전령 노릇을 하는 사람이야. 봉졸·봉군·봉화간·간망군·후망인·연대군 등으로 불리었는데, 신분상으로는 양인이지만 천인이 하는 일을 해 천대받는 직종이었어. 고려 말부터 중앙의 문무 고관이 죄를 짓는 경우 흔히 봉수군으로 보내졌다고 해.

오장은 봉수군을 통솔하고, 봉수대의 근무 상황을 고을 수령에게 보고하는 사람이야. 고을 수령은 오장의 보고를 받으면 유사시에는 즉시, 평상시에는 매월 관찰사에게 보고하고 3·6·9·10월에 병조에 보고했어.

봉수군은 열흘에 한 번씩 교대 근무를 했는데, 이만저만 고생스럽지 않았어. 여름이든 겨울이든 베옷을 입고 지내야 하기에 엄동설한에는 추위와 싸워야 했어. 따라서 얼어 죽는 사람도 많았고, 양식이 제때 공급되지 않아 굶기를 밥 먹듯 했어.

안개나 비, 바람 등으로 봉수가 어려워지면 봉수군에게는 고생길이 열렸어. 다음 봉수대까지 달려가서 알려야 했기 때문이야. 이를 '치고(馳告)'라고 하는데, 달리다가 다쳐 시간이 늦어지면 곤장을 맞았어.

봉수군의 일이 이처럼 고되고 힘드니 도망하는 경우가 많았어.

또한 근무 태만으로 위급한 정세를 제때 알리지 못하는 일도 적지 않았어. 조선 전기에 외적의 침입이 34건에 이르렀는데, 그 가운데 무려 30건이 봉수가 전달되지 않았기 때문이었어. 특히 임진왜란 때도 부산 봉수대의 봉수군들이 겁을 먹고 도망치는 바람에 봉수가 전달되지 않았어. 결국 한양에서는 일본군이 침입한 지 사흘 뒤에야 그 사실을 알았어. 경상 좌수사가 1592년 3월 14일 급보를 띄워, 부산에서 한양까지 밤낮없이 말을 달려 17일 새벽에야 궁궐에 왜적의 침입을 전했기 때문이야.

이처럼 봉수가 제 역할을 하지 못하니 봉수군에게는 처벌 규정이 강화될 수밖에 없었어. 적의 침입을 보고하지 않거나, 적과 접전할 때 봉화를 올리지 않은 경우 목을 베는 형벌이 내려졌어. 그리고 적이 나타났는데도 봉화를 올리지 않았으면 봉수군은 곤장 80대, 고을 수령은 곤장 70대를 맞았어. 또, 적이 국경 가까이 왔는데도 봉화를 올리지 않았으면 봉수군은 곤장 100대를 때린 후 변경으로 쫓아 버렸고, 고을 수령은 곤장 100대를 때린 후 파직시켰단다.

불을 끄는 조선의 소방관, 멸화군

1426년(세종 8년) 2월 15일 조선의 수도인 한양에서 큰 화재가 일어났어. 한양 남쪽에 살던, 동궁에 딸려 있던 관아인 인순부의 종 장룡의 집 부엌에서 불이 난 거야. 이 불은 때마침 불어온 바람을 타고 걷잡을 수 없이 번져 갔어. 한양의 중부·남부·동부가 화마에 휩쓸려 민가 2170채와 행랑채 106칸이 불타 버렸어. 이 불로 목숨을 잃은 사람이 젖먹이 아기와 노인을 빼고도 남자 9명, 여자 28명이나 되었단다.

그때 세종은 강원도 횡성으로 군사 훈련을 겸한 사냥을 떠나 한양에 없었어. 화재 소식을 들은 세종의 비 소헌왕후 심 씨가 대신들을 불러 이렇게 말했지.

'관청과 창고는 포기하더라도 종묘와 궁궐만은 꼭 지켜야 해요.'

다행히 종묘와 궁궐로는 옮겨 붙지 않은 채 불이 꺼졌어.

당시는 한양의 인구가 10만여 명이고 주택이 1만 6,921채였어. 그중에서 2,170채와 행랑채 106칸이 불타고 이재민이 1만 명쯤 되었으니 큰 화재였지.

급히 보고를 받고 한양으로 돌아온 세종은 먼저 화재를 당한 백성들에게 곡식을 나누어 주고, 다시 집을 지을 목재와 기와 등을 무상으로 지급했어. 그리고 도성의 화재 예방을 위한 대책을 마련했지.

'성안에 있는 집들 사이에 담장을 높이 쌓아, 화재가 나면 불이 옮겨 붙지 않도록 하라. 성안에는 도로를 넓게 닦아 사방으로 통행할 수 있도록 하라. 또한 불이 번지지 않게 다닥다닥 붙은 민가는 철거하고, 다섯 집마다 하나씩 웅덩이를 파서 화재에 대비하라.'

세종은 소방서인 금화도감을 종루 옆에 세웠어. 금화도감에서는 관원이 교대로 종루 위에 올라가 밤낮없이 성안을 살펴보도록 했어. 그래서 불이 나면 종루의 종을 쳐서 그 사실을 알리도록 했지.

금화도감 안에는 소방관인 멸화군이 있었어. 멸화군은 50명으로 이루어졌는데, 24시간 대기하고 있다가 불이 나면 화재 현장으로 달려가 재빨리 불을 끄는 일을 했어.

멸화군에는 물을 떠 오는 일을 맡은 종인 '급수비자'가 있었어. 멸화군은 불을 끄러 왔다는 표식인 신패를 차고, 모든 소방대원이 함께 화재 현장으로 출동했어. 그러고는 급수비자가 떠 오는 물로 불을 껐지.

또한 불이 다른 건물로 번지는 것을 막기 위해 긴급 조치를 취했어. 동아줄과 긴 사다리를 이용해 지붕으로 올라간 뒤 쇠갈고리로 기와나 짚을 걷어내고, 도끼로 기둥을 찍어 불이 난 집을 무너뜨린 거야. 그리고 깃발을 높이 세워 누구나 쉽게 화재 현장을 찾을 수 있게 했고, 진압 중에는 계속 종소리를 울렸단다.

 멸화군은 불을 끄는 일뿐 아니라 화재에 대비하는 일도 했어. 평상시에는 종루에서 화재를 감시했고, 바람이 많이 부는 날에는 야간 순찰을 했어. 그리고 방화벽 설치·화재 진압 도구 준비 등 화재 예방 활동도 했단다.

말을 치료하는 수의사, 마의

유희춘은 조선 선조 때 홍문관 부제학, 성균관 대사성, 전라도 관찰사 등을 지낸 사람이야. 55세 되던 해인 1567년(명종 22년) 10월 1일부터 세상을 떠나던 해인 1577년(선조 10년) 5월 13일까지 약 10년에 걸쳐 쓴 일기인 〈미암 일기〉(보물 제260호)로도 유명하지. 그가 사헌부 장령으로 일하던 때의 일이야.

유희춘에게는 '부노마'라는 말이 있었어. 왕세자에게 글을 가르친 공로로 나라에서 하사 받은 명마였지. 그런데 어느 날 말이 갑자기 다리를 저는 거야. 그래서 그는 궁중의 말과 수레와 목장 등을 관리하는 관청인 사복시에 근무하는 마의 정세붕을 집으로 불러들였지. 마의는 말의 질병을 고치던 관리야.

"말이 갑자기 다리를 저니 어찌하면 좋겠는가?"

정세붕은 말을 살펴본 뒤 공손히 아뢰었어.

"말이 얼음을 밟아 힘줄이 늘어졌군요. 걸어 다니기 불편할 테니 다리에 침을 놓아 피를 빼겠습니다."

정세붕은 연장 자루에서 침을 꺼냈어. 그러고는 말고삐를 잡아당겨 말의 목덜미를 여러 번 쓰다듬었지.

"이제 말에 침을 놓겠습니다. 종들을 불러 말의 몸을 꼭 붙잡으라고 이르십시오."

"알겠네."

유희춘의 명으로 종들이 와서 말의 몸을 단단히 붙잡았어. 정세붕은 말의 다리에 침을 놓아 피를 뽑았단다.

정세붕은 궁궐에 있는 말의 병을 고치는 것이 그가 맡은 일이었지만, 봉급으로는 생계가 어려워 틈틈이 민간에게도 돈을 받고 병든 말을 치료해 주었단다.

〈경국대전〉에 따르면, 마의는 종 9품에 해당하는데 사복시에는 10명이 근무했다고 해. 조선 후기에는 마의를 정직과 잡직으로 나누었어. 정 7품에 해당하는 정직 마의는 '마의사복', 잡직 마의는 '마의'라고 했지. 정직 마의는 3명을 두는데 그중 2명은 왕의 말을 돌보고 나머지는 내전의 말을 관리했단다. 마의는 처음에는 사복시에만 속해 있었지만 후기에는 훈련도감·용호영·금위영·어영청 등에도 소속되었어.

마의가 되려면 병조에서 시행하는 시험에 합격해야 했어. 시험은 중국의 마의학 책인 〈안기집〉을 보고 뜻을 풀이하는 것이었어. 세 군데를 그냥 뽑아 해석하는 것이 시험 문제였지. 〈안기집〉에는 말의 병마다 각각 그림이 그려 있고 처방이 함께 실려 있었어.

조선 시대 왕들은 해마다 중국에 사절단을 보냈어. 인삼·호피·수달피·화문석·종이·모시·명주·금 등을 가져가 공물로 바쳤는데, 중국 황제에게 빠지지 않고 올리는 선물이 말이었어. 좋은 말로 골라 60마리를 바쳤지.

중국은 우리나라에서 말이 많이 생산되는 것을 알기에 고려 때부터 보내라고 요구했어. 그리하여 고려 때는 원나라에 20차례에 걸쳐 말 수만 필을 보냈으며, 명나라에도 33차례에 걸쳐 3만 필을 보냈단다. 조선 시대에 와서도 명나라는 말을 수만 필 요구했어.

말을 중국으로 보낼 때 마의를 반드시 동행시켰어. 운반하는 도중에 말이 병들거나 다칠 수 있기 때문이지. 조선 사신이 중국에 갈 때도 마찬가지였어. 황제에게 선물로 바치는 말 60필에, 사신단이 타고 가는 말, 짐 싣는 말 등 100필 이상이 움직이니 마의를 같이 보냈지.

마의는 임진왜란 때 군마를 잘 돌보아 명나라 장수들에게 칭찬을 많이 들었어. 마의 오치운·김응수는 선조가 왜군을 피해 한양을 떠난 뒤에도 궁궐에 남아 왕의 말을 돌보았지. 이들은 그 공로로 호성공신이 되었고 문반 6품의 관직을 받았단다.

　조선 후기에 침의로 명성을 떨쳤던 백광현은 본래 마의 출신이었어. 그는 광해군 때 발간된 마의학 책인 〈마의방〉을 보지 않고 오직 침만 써서 말을 치료했어. 이때 탁월한 효험이 있었기에 사람에게도 시술하여 '신의'라고 불릴 만큼 침의로 유명해졌지. 그는 의과에 급제하지 않았지만 내의원에 들어가 왕의 병을 치료하는 어의가 되었단다.

세금으로 거두어들인 곡식을 배로 한양까지 운송하는 조졸

　고려나 조선 시대에는 세금을 돈이 아닌 곡식으로 거두어들였어. 그 곡식을 '세곡'이라고 해. 전국 각지에서 고을 단위로 거두어들인 세곡은 인근의 강변이나 해변에 설치한 창고인 조창에 옮겨 보관했다가, 일정한 시기에 배를 이용해 한양으로 운송했어. 이때 세곡을 실어 나르는 배를 '조운선', 항해하는 뱃길을 '조운로'라고 했어.

　지방에서 거둔 세곡은 대부분 한양으로 보내졌어. 그런데 한양에서 멀리 떨어진 평안도·함경도·제주도는 세곡을 자체 경비로 쓰게 했어. 그곳은 땅이 기름지지 못해 생산량이 많지 않은 데다, 국경 수비를 해야 해서 많은 군량미가 필요했거든.

　경상도·전라도 지역의 세곡은 해안의 조창에 보관했다가 남해안·서해안 뱃길을 이용해 한양으로 운송했어. 이 지역의 조창으로는 아산 공세

곶창, 용안 덕성창, 영광 법성창, 나주 영산창 등이 유명해.

경기도·황해도·강원도·충청도 지역은 고을에 따라 한양으로 직접 세곡을 보내거나, 조창에 보관했다가 한강 물길을 따라 운송했어. 한양으로 직접 세곡을 보낸 곳은 경기도 전 지역과 강원도 김화·철원 등이었어. 그리고 강원도 북한강 유역은 춘천 소양강창, 남한강 유역은 원주 흥원창에, 충청도 일부와 경상도 북부 지역은 충주 가흥창, 황해도 지역은 배천 금곡포창, 강음 조읍포창에 세곡을 모았다가 한양으로 보냈어. 조운을 하는 시기는 이듬해 2월부터 시작하여 가까운 거리는 4월, 먼 거리는 5월까지 실시했어. 한양으로 운송하여 용산 광흥창에 세곡을 부렸지.

조운선은 고려나 조선 시대에 세금으로 거둔 곡식인 세곡을 운반하던 배야. '조전선'이라고도 하지.

조선 전기의 조운은 국가가 직접 운영했어. 그러다가 조선 후기 대동법(공물을 쌀로 통일하여 바치게 한 납세제도)의 시행으로 조운량이 늘어나면서 개인의 배를 많이 이용하게 되었어.

고려 시대에는 지방의 세곡을 운반하기 위해 해변에 열 개의 창고를 설치했어. 이곳에는 곡식 1000석을 실을 수 있는 초마선 여섯 척이 항상 준비되어 있었지.

강을 이용하는 충주와 원주의 창고에는 200석을 실을 수 있는 평저선을 각각 20척과 21척 준비해 두었어.

조선 시대에는 〈경국대전〉에 세곡 운반선의 크기와 적재량을 규정해 놓았어. 대선은 길이 50척, 너비 10척 3촌 이상, 중선은 길이 46척, 너비 6척 이상, 소선은 길이 41척, 너비 8척 이상이야. 대선에는 250석, 중선에는 200석, 소선에는 130석을 실을 수 있게 했어. 그리고 조선(물건을 실어 나르는 배)과 병선(전쟁에 필요한 장비를 갖춘 배)을 겸하는 배를 만들어 평상시에는 조운에 이용했어. 이 배를 '맹선'이라 하는데, 대맹선·중맹선·소맹선으로 나눌 수 있어.

대맹선은 군선으로는 병사 80인, 조선으로는 곡식 800석을 실을 수 있는 배야. 이 배는 조선 전기에 전국의 진포에 80척을 배치했는데, 세곡을 운반하기 위해 특별히 만들었어. 중맹선은 병사 60인, 소맹선은 병사 30인이 정원인데, 성종 대부터 명종 대까지 대맹선만 조선으로 사용하고 중맹선·소맹선은 군선으로 썼어.

세곡을 운반하는 배는 해선과 강선이 서로 달랐어. 바다는 넓고 깊으며 물의 흐름이 완만한 데 비해, 강은 수심이 얕고 폭이 좁으며 물의 흐름이 빨라. 그래서 남한강을 운행하던 세곡 운반선은 빠른 물살과 좁은 강폭에 적응할 수 있게 밑바닥이 좁고 길이는 길게 만들었어. 그 대신 바닷길을 항해하는 배는 밑바닥이 넓고 평평하며 길이는 짧게 만들어, 깊은 바닷물에 잘 적응하도록 했어.

조운선에는 선장 격인 사공과 선원인 격군이 있었어. 조운선에 승선하여 조운 활동에 종사하던 사람들을 '조졸'·'조군'이라고 하는데, 이름·나이·모습·키·부모 이름과 속해 있는 포구 등이 새겨진 호패를 늘 지니고 다녀야 했어. 부모에게 이어받아 같은 일을 해야 해서 자손들도 무척 힘이 들었어. 조졸은 천시받았던 계층이었지. 〈경국대전〉에 의하면, 각 조창에 소속된 조졸은 총 5,960인이었어. 해로를 이용하는 해운에는 각 조운선에 사공 1인, 격군 15인, 내륙의 수로를 이용하는 수운에는 각 조운선에 사공 1인, 격군 3인이 배속되었단다.

왕릉을 지키는 능참봉

조선 시대에는 왕과 왕비의 무덤을 '능'이라고 불렀어. 이 왕릉을 지키고 보호하는 관리가 있었는데, 그가 바로 능참봉이야. 능참봉은 종 9품으로, 조선 시대 관직 가운데 가장 낮은 벼슬이었어. 하지만 왕의 무덤을 관리한다는 상징성이 매우 컸기에 중요한 벼슬자리로 여겨졌단다.

능참봉은 주로 과거 시험을 거치지 않고 특별 채용 형식으로 임명되었어. 과거 시험에 합격하지 못한 사족(문벌이 좋은 집안 또는 그 자손)들이 관직에 진출할 때 이 벼슬을 맡는 경우가 많았지.

능참봉은 왕릉에 제사 지내는 일, 주변의 나무를 관리하는 일, 수리 공사를 할 때 관리·감독하는 일 등을 했지.

바쁠 것 없는 말단 벼슬이었지만, 일 년에 한두 번은 목숨이 왔다 갔다 할 만큼 긴장된 순간을 보냈어. 왕이 제사를 지내러 능으로 행차할 때, 능

주위가 더럽거나 나무를 제대로 돌보지 않았으면 큰 벌을 받았거든. 큰 나무 한 그루를 훼손하면 3년 유배형에 처했고, 두 그루를 훼손하면 천 리 밖으로 귀양을 보냈다는구나.

능참봉은 왕이 효성이 지극할수록 고생하는 벼슬이라고 해. 그래서 '나이 일흔에 능참봉을 하니 한 달에 거둥(임금의 나들이)이 스물아홉 번'이라는 속담까지 생겨났지. 효성이 깊은 왕이 거의 날마다 능 참배를 오니, 능참봉으로서는 잠시도 쉴 틈이 없었던 거야.

조선 정조 때의 일이야. 수원(지금의 경기도 화성시 태안읍) 화산에는 사도세자의 묘소인 '현륭원'이 있지. 사도세자는 정조의 아버지인데, 비극적인 죽음을 당했어. 정조는 아버지를 잊을 수가 없어 '장헌세자'로 추존하고 양주 배봉산에 있는 아버지의 무덤을 수원 화산으로 옮겼어. 아버지에 대한 효성이 지극했던 그는 현륭원을 참배하러 자주 수원 나들이를 했지.

정조가 현륭원을 참배하러 오던 날이었어. 왕을 맞이하느라 하루를 정신없이 보낸 현륭원 김 참봉은 저녁때 집으로 돌아왔어. 그런데 그날 밤 그의 집에 낯선 손님이 찾아왔어. 삿갓을 쓴 노인이었는데, 하룻밤 묵어가기를 청했어. 김 참봉은 그에게 저녁을 지어 주고, 빈 방에 군불을 때워 재워 주었어.

이튿날 노인은 떠나기 전에 이런 말을 했어.

"내가 앞날을 내다볼 줄 안다오. 사흘 뒤에 비가 많이 내릴 텐데, 그날

밤은 장헌세자의 묘소에 가서 도포를 덮어 주고 그 옆에 있도록 하시오. 내가 알려 준 대로 하지 않으면 목숨을 잃을 수도 있소."

사흘 뒤 노인이 말한 대로 비가 많이 내렸어. 김 참봉은 노인의 말이 생각나 장헌세자의 묘소에 가서 도포를 덮어 주고 옆에 누웠어.

한편, 정조는 비가 많이 오자 아버지의 묘소가 걱정되어 잠을 이룰 수가 없었어. 그래서 신하에게 명령했지.

"능참봉이 현륭원을 잘 지키고 있는지 알아보아라. 집에서 잠을 자고 있다면 사형에 처할 것이다."

얼마 뒤 신하가 돌아와 정조에게 아뢰었어.

"능참봉은 집에 없었습니다. 현륭원에 가서 장헌세자의 묘소에 도포를 덮어 주고 그 옆에 있었습니다."

능참봉

왕의 효성이 지극하니, 내가 고생이로세…

정조는 김 참봉을 불러 물었어.

"너는 왜 비를 맞으며 현륭원에 갔느냐? 능에 도포를 덮어 준 까닭이 무엇이냐?"

김 참봉이 대답했어.

"비가 많이 내려 걱정이 되어 그랬습니다."

정조는 김 참봉의 말을 듣고 감동을 받았어. 그래서 김 참봉에게 큰 상을 내리고 그를 수원 유수로 삼았지.

김 참봉은 노인 덕분에 죽음을 면하고 출세까지 했단다.

능참봉에 임명되면 먼저 대궐에 들어가 왕에게 절을 올렸어. 이를 '사은숙배(謝恩肅拜)'라고 하지. 관리로 처음 임명되면 왕에게 경건하게 절을 했거든. 능참봉은, 두 사람이 보름씩 교대로 왕릉 옆에 있는 재실에서 지내며 근무했어. 출근 장부인 '공좌부'를 작성한 뒤 일과를 시작했지. 능참봉은 다달이 쌀 10말, 콩 5말을 받았어. 봉급이 그리 많지 않아서 때로는 빚을 지기도 했단다.

그러나 능참봉은 과거 시험을 치르지 않아도 관직에 나아가는 통로 역할을 하는 데다, 최고 권력인 왕실과 통하는 왕릉을 관리하는 권한 때문에 인기가 높은 벼슬이었어. 그래서 지역 사회에서 유지 노릇을 톡톡히 했다는구나.

4차 산업 혁명 시대의 유망 직업

정보 통신 기술을 이용해 세상 모든 물건을 연결하는 사물인터넷 전문가

스마트폰·PC·자동차·세탁기·냉장고·보일러·목걸이·시계·로봇 등 모든 사물을 인터넷에 연결해 사람과 사물, 사물과 사물 간에 정보를 주고받고 상호 소통하는 지능형 기술 및 서비스를 '사물인터넷'이라고 해요. 사물인터넷 전문가는 사물들이 스스로 정보를 교류하고 상호 소통할 수 있도록 사물 기기 전반에 통신, 센서 기능을 부착해요. 그리하여 모든 것을 원격으로 조정할 수 있게 하지요.

모든 가전제품을 인터넷으로 연결해 관리하는 스마트홈 서비스나, 자율 주행하는 무인 자동차도 사물인터넷의 산물이에요.

사물인터넷 전문가는 기술을 개발하여 새로운 제품을 만들고 서비스를 해요.

앞으로 사물인터넷은 헬스·의료·교통·제조업·건설·금융·교육 등 다양한 분야에 적용되어 폭발적인 수요가 예상되고 있어요. 그래서 세계의 통신 회사나 소프트웨어 개발 회사, 자동차 업체 등에서는 사물인터넷 전문가를 확보하려고 애를 쓰고 있답니다.

가장 유망한 미래 선구자, 인공지능 전문가

인공지능(AI)에 대한 관심이 높아짐에 따라 세계적인 정보 기술 기업들은 인공지능 전문가를 모셔 오고자 치열한 스카우트 전쟁을 치르고 있어요. 구글·애플을 비롯하여 삼성전자·LG전자·네이버 등의 IT 기업들도 인공지능 전문가를 얻기 위해 안간힘을 쓰고 있어요. 하지만 인력난이 심각하기 때문에 인공 지능 전문가를 모셔 오기가 하늘의 별 따기라고 해요.

인공지능 전문가가 이처럼 각광을 받는 것은, 4차 산업 혁명 시대에 인공지능이 핵심 산업으로 떠올랐기 때문이에요. 현재 인공지능은 자율 주행 자동차, 의료, 서비스, 육아, 게임, 빅데이터, 법률, 금융, 로봇 등 여러 분야에 활용되고 있거든요. 앞으로 그 분야는 무궁무진하여 사람을 대신해 많은 일들을 해 줄 것으로 기대되고 있어요.

인공지능은 사람처럼 생각하고 이해하고 행동하는 능력을 컴퓨터 프로그램으로 연구·개발한 것이에요. 인공지능 전문가는 인간의 뇌 구조에 대한 지식을 바탕으로 컴퓨터나 로봇 등이 사람처럼 사고하고 의사 결정을 내릴 수 있도록 만들어요.

인공지능 전문가가 되려면 수학적 자질과 창의성, 종합적 사고력이 필요해요. 우리나라에서는 카이스트·포스텍(포항공대) 등의 대학에서 인공지능 연구가 활발히 이루어지고 있어요.

세계의 이색 직업

반려동물과 관련한 모든 법적 문제를 처리해 주는 반려동물 전문 변호사

2007년 8월 미국에서 '부동산 여왕'으로 불리던 리오나 헴슬리가 세상을 떠났는데, 그는 이런 유언을 남겼어요.

"내 사랑하는 공주 트러블에게 내 재산 중에 1200만 달러(약 115억 원)를 물려준다."

트러블은 헴슬리가 8년 전에 친구에게 선물 받은 말티즈 종 반려견이에요. 그는 트러블을 끔찍이 사랑하여 최고급 호텔 주방장이 만든 고급 요리만 먹였어요. 그리고 다른 사람들에게 트러블을 '개'라고 부르지 말고 반드시 '공주'라 부르도록 했어요. 그처럼 애지중지하던 개였기에, 헴슬리는 자신의 남동생과 두 손자에게는 각각 1000만 달러씩 물려주면서도, 트러블에게는 그보다 200만 달러 많은 1200만 달러를 물려주었지요.

미국에서는 전체 인구 가운데 69퍼센트 이상이 반려동물을 키운다고 해요. 개나 고양이 같은 반려동물을 가족처럼 사랑하는 사람들이 많이 있기에, 자신의 유산을 반려동물에게 물려주는 것은 아주 흔한 일이에요. 미국 변호사 협회에 따르면, 미국에서 반려동물을 키우는 사람 중 4분의 1 정도가 자신의 반려동물에게 일정 부분의 유산을 물려준다는군요.

그러다 보니 미국에는 '반려동물 전문 변호사'가 있어 고수익 전문 직업으로 떠오르고 있어요. 주인이 죽었을 때 누가 키울 것인지 양육권에 대한 문제부터, 주인에게 재산 상속을 받은 반려동물을 법적으로 보호해 주는 일 등의 업무를 해요. 법정에 제출할 증거물에서부터 소송과 관련한 모든 일을 처리하여 반려동물의 권리를 찾아 주지요.

반려동물 전문 변호사는 우리나라에서 낯선 직업이지만, 미국에서는 반려동물을 가족처럼 생각하는 사람들 덕에 활발하게 활동하고 있답니다.

반려동물 사료를 직접 맛보고 평가하는 사료 테스터

어느 사료 회사에서 반려동물 사료 신제품을 출시하게 되었어요. 그 회사는 신제품을 테스트하기 위해 이벤트 행사를 마련했어요. 반려동물을 키우고 있는 사람들에게 신제품 샘플을 무료로 나누어 주며 이런 부탁을 했지요.

"반려동물에게 샘플 사료를 먹여 보고, 우리 회사 인터넷 홈페이지에 들어와 후기를 올려 주세요. 푸짐한 상품이 준비되어 있으니 꼭 참여해 주세요."

며칠 뒤 사료 회사 인터넷 홈페이지에 후기 한 편이 올라왔어요. 샘플 사료의 맛이 어떤지 평을 했는데, 신제품의 장점과 단점을 정확히 지적해 놓았어요.

이에 회사 홍보 담당자는 후기를 작성한 사람을 회사로 불렀답니다. 그런데 그를 만나 보니 놀랍게도 성인이 아니라 여고생이었어요. 그보다 더 놀란 것은, 여

고생이 반려동물을 키우지 않는다는 사실이었어요. 회사 홍보 담당자는 여고생에게 물었지요.

"반려동물을 키우지 않으면서 어떻게 샘플 사료의 맛을 평가했지요?"

여고생이 대답했어요.

"샘플 사료를 제가 직접 먹어 봤어요."

"예? 그게 정말이에요?"

회사 홍보 담당자는 회사에서 가장 팔리지 않는 제품을 가져와 여고생에게 맛보게 했어요. 그러자 여고생이 그 제품의 문제점과 개선 방향을 제안했는데, 그 제안대로 품질을 개선하자 그 제품은 불티나듯 팔려 나갔어요.

사료 회사는 그 여고생을 곧바로 직원으로 채용했어요. 그러고는 자기네 회사의 모든 제품을 맛보고 평하게 했지요. 여고생이 알려 준 대로 품질을 개선하면 제품이 잘 팔려 유명 사료 회사가 되었다고 해요.

반려동물의 사료를 직접 맛보고 평가하는 사람을 '사료 테스터'라고 해요. 사람이 맛있게 먹어야 동물도 맛있게 먹는다는 생각에서 생겨난 직업이에요.

사료 테스터는 사료를 씹어 보고 맛과 식감, 냄새 등에 대해 피드백을 해 줘요. 신제품을 출시하기 전에 개선 방향을 제안하여 완제품을 만들게 하지요. 우리나라에도 반려동물을 키우는 사람이 1000만 명을 넘어, 사료 테스터는 아주 전망 있는 직업이라 할 수 있답니다.

제 2부

보통 사람들의 직업 이야기

책을 사고파는 책장수, 책쾌

　서점은 책을 파는 곳이야. 서관·서사·책사·책방이라고도 하지. 조선 시대에 서점은 관영 서점과 민영 서점이 있었어. 관영 서점은 나라에서 책을 간행하여 팔던 곳인데, 조선 시대에는 교서관이 그 역할을 했어. 교서관은 출판을 맡은 관청으로, 경서·문집 등을 펴내어 필요한 사람들에게 나누어 주었어.

　민영 서점은 민간인이 영리를 목적으로 출간한 책을 팔던 곳이야. 우리나라에서는 민영 서점이 언제 처음 생겨났는지 정확히 밝혀진 것이 없어. 다만 민간인이 영리를 목적으로 간행한 책인 방각본이 나온 뒤부터 민영 서점이 출현한 것으로 보고 있어. 1576년 7월 출간된 백과사전인 〈고사촬요〉 끝장에는 "수표교 아래 북쪽 수문 입구에 있는 하한수의 가각판(家刻板)을 사고 싶은 사람은 찾아오라."라고 기록되어 있어. 하한수는 개인이 책을 만들어 팔던 곳으로 출판사 겸 민영 서점이라 할 수 있지. 이로 미루어 민간인이 영리를 목적으로 한 상업 출판과 민영 서점이 16세기 후기에 한양에 처음 생겨났음을 알 수 있어.

방각본은 〈동몽선습〉·〈천자문〉 등의 아동용 학습서, 사서삼경 등 유교의 경전과 해설서, 〈사략〉·〈통감절요〉 등의 역사서, 〈고사촬요〉·〈유서필지〉 등의 실용서, 〈구운몽〉·〈사씨남정기〉 등의 소설류가 있어.

18세기에는 주로 부녀자들을 상대로 일정한 값을 받고 소설을 빌려 주는 세책점이 서울에 생겨나 인기를 누렸지.

지금과 같은 서점이 등장한 것은 구한말이야. 당시에는 서점들이 대부분 출판을 겸했는데, 대표적인 서점으로는 회동서점·대동서시·중앙서관·광학서포 등이 있었어.

조선 시대에는 민영 서점이 흔치 않았기 때문에 책이 필요한 사람은 서적 중개상에게 주문해 샀어. 서적 중개상은 날마다 서당·양반집·관청·저잣거리 등을 돌아다니며 책을 팔았지. 이들 책 거간꾼을 '책쾌'·'서쾌'라고 불렀어. 18세기 말에 한양에서 부동산 거간꾼을 '가쾌'라고 부르듯이 중국풍의 이름이었지.

책쾌는 책을 파는 사람과 사는 사람 사이의 거래를 중개할 뿐만 아니라, 책을 싼 값에 사서 이윤을 붙여 파는 일도 했어. 이러한 책 거간꾼은 15세기쯤에 처음 등장했는데, 조선 후기 문예 부흥기인 영·정조 때 한양에는 수백 명의 책쾌가 영업을 하고 있었다고 해.

그 가운데 가장 유명한 책장수는 조생이었어. 그는 특이한 용모와 기이한 행적으로 사람들의 눈길을 끌었지.

실학자 정약용은 그에 대한 인상을 이렇게 기록했어.

'그는 붉은 수염에 우스갯소리를 잘한다. 눈에는 번쩍번쩍 신광(神光)이 있었다.'

사람들은 조생이 어디 출신이고 어디 사는지 몰랐어. 아무도 그가 밥을 먹는 것을 보지 못했는데, 저녁에는 술에 잔뜩 취하여 어디론가 사라졌어.

책쾌 조생 (조신선)

조생은 날이 밝으면 저잣거리로 서당으로 양반집으로 나는 듯이 달려가 책을 팔았어.

조생은 이런 말을 자주 했다고 해.

"세상에 있는 책이 모두 내 책이지요. 이 세상에서 책을 아는 사람은 오직 나밖에 없어요."

조생은 1771년(영조 47년) 봄에 한양에서 자취를 감춘 적이 있었어. 그때 한양에서는 '〈명기집략〉 사건'이 일어나 수백 명의 책쾌들이 붙잡혀가 목숨을 잃거나 귀양을 떠났어. 청나라 책인 〈명기집략〉에 조선 태조 이성계를 모독하는 글이 실려 있었는데, 이 책을 유통시킨 책쾌들을 잡아들여 큰 벌을 내린 거야.

그러나 조생만은 이 사건이 일어날 줄 미리 알았는지 일찌감치 몸을 피해 화를 면했어. 그는 사건이 잠잠해진 뒤에 다시 나타났는데, 사람들은 앞날을 내다볼 줄 아는 그를 '조선선(曺神仙)'이라고 불렀다고 해.

책 읽어 주는 전문 이야기꾼, 책비와 전기수

　세책점은 조선 후기에 돈을 받고 책을 빌려 주던 곳이야. 오늘날의 도서 대여점이라 할 수 있지.
　조선 후기에 한글로 쓰인 소설들은 부녀자들 사이에서 선풍적인 인기를 누렸어. 〈수호전〉·〈서유기〉·〈삼국지〉 등 한글로 번역된 중국 소설을 비롯하여 〈사씨남정기〉·〈장화홍련전〉 등 한글로 된 소설들은 없어서 못 볼 정도였어.
　세책점은 가난한 선비들이 생계가 어려워지자 밥벌이나 하려고 처음 시작했다고 해. 한글 소설책을 사다 베낀 뒤 책을 매고, 책장마다 들기름을 발라 찢어지는 것을 막았지.
　세책점에서는 놋주발 뚜껑이나 주발대접 등을 담보로 잡은 뒤 책을 빌려 주었어. 셋돈은 책을 돌려받을 때 받았지.

책을 빌려가는 계층은 양반·평민·노비 등 다양했어. 세책점은 한양에만 있어, 시골로 시집간 여성들이 친정에 다니러 왔을 때 많이 빌려 보았다고 해. 친정집에 며칠씩 묵으면서 소설 읽기에 푹 빠져 지냈지.

18세기에 세책점은 사회적으로 큰 문제가 되었는지 실학자 이덕무는 이런 내용의 글을 남겼어.

'부녀자들이 집안일을 게을리하면서 소설을 빌려 읽느라 가산을 탕진하고 있다. 그들이 소설 읽는 것을 막아야 한다.'

그러나 부녀자들의 '소설 읽기 열풍'은 가라앉지 않았어. 특히 세책점의 소설은 부잣집이나 사대부 집안의 여인들에게까지 인기가 높았어. 그들은 '책비'라고 불리는 입심 좋은 여종을 머리맡에 불러 앉혔어. 그들이 목소리를 바꿔 가며 감정을 실어 읽어 주는 이야기를 듣기 위해서였어. 책비는 세책점에서 빌려온 소설책을 읽기 시작했는데, 머리맡에는 '짠보'라는 수건이 준비되어 있었어. 책비는 소설책을 읽다가 슬픈 대목이 나오면 사대부 집안의 여인에게 미리 알려 주었어. 그러면 여인은 이야기를 듣다가 수건을 들어 눈물을 닦았지. 수건을 많이 쓸수록 책을 읽어 주는 값이 더 올라갔다고 해.

세책점은 근대에 접어들어 값싼 방각본 소설이 쏟아져 나오면서 점차 사라져 갔어. 그리고 20세기에 들어와서는 완전히 자취를 감추었지.

조선 후기에는 길거리에서 돈을 받고 이야기책을 읽어 주던 사람들이 있었어. 이들을 '전기수'라고 해. 〈심청전〉·〈숙향전〉 등의 전기소설(傳奇小說)를 읽어 주는 사람이라는 뜻이지.

전기수는 시장, 다리 밑, 길거리, 담뱃가게 앞 등 사람들이 많이 붐비는 곳에서 청중들에게 소설을 낭독했어. 물론 줄줄 외워서 혼자 여러 사람의 목소리를 내며 억양과 감정을 섞어 이야기를 해 주었지.

영·정조 때 문학가인 조수삼의 〈추재집〉에는 전기수에 대한 이야기가 실려 있어.

동대문 밖에 〈숙향전〉·〈소대성전〉·〈심청전〉·〈설인귀전〉 등의 전기 소설을 구성지게 잘 들려주는 전기수가 살았어. 그는 매달 초하루에는 청계천 첫째 다리 밑에, 초이틀에는 청계천 둘째 다리 밑에, 초사흘에는 배오개에, 초나흘에는 교동 입구에, 초닷새에는 대사동 입구에, 초엿새에는 종루 앞에 자리를 잡고 앉아 소설을 읽어 주었어. 초이레부터는 다시 청계천 첫째 다리 밑에서부터 시작했어.

전기수의 이야기 솜씨가 좋아 청중들은 빙 둘러싼 채 귀를 기울였어. 그런데 전기수는 이야기를 들려주다가 흥미진진한 대목에 이르면 갑자기 침묵을 지켰어. 그러면 청중들은 다음 대목이 궁금해 너도 나도 돈을 던졌어. 그제야 다음 이야기를 이어갔지.

청중들에게 궁금증을 일으켜 돈을 버는 이런 수법을 '요전법'이라고 해. 전기수는 요전법을 능란하게 쓰는 전문적인 이야기꾼이었어.

정조 때는 전기수가 얼마나 실감 나게 이야기를 잘하는지 〈임경업전〉을 듣던 남자가 임경업 장군이 죽임을 당하는 대목에 이르자, 흥분하여 전기수를 담배 써는 칼로 찔러 죽인 사건이 벌어졌어. 이것이 바로 종로 담뱃가게 앞에서 일어났다는 '전기수 살해 사건'이야.

조선 시대에는 전기수나 책비처럼 솜씨 좋은 이야기꾼이 많이 있었단다.

장을 떠돌아다니는 상인, 보부상

옛날에 어느 등짐장수가 전국을 돌아다니며 장사를 하여 5백 냥을 벌었어. 그는 고향을 떠난 지 몇 년이 되어 오랜만에 집에 돌아가기로 했지. 그런데 집으로 오는 길에 많은 비가 내려 개천이 넘쳐흘렀어. 개천을 어떻게 건너가나 궁리하고 있는데, 젊은이 한 사람이 떠내려가고 있는 거야. 물이 깊고 물살이 빨라 아무도 그를 구할 엄두를 내지 못했지. 물속에 뛰어들었다가는 목숨을 잃을 수도 있었거든. 그래서 등짐장수는 이렇게 소리쳤지.

"저 젊은이를 구해 주시오! 그럼 제가 가진 돈 5백 냥을 드리겠소!"

그러자 한 청년이 용감하게 물속에 뛰어들어 젊은이를 구했어. 등짐장수는 약속대로 청년에게 5백 냥을 주었지. 그는 빈털터리가 되고 말았어. 그때 젊은이가 등짐장수에게 말했어.

"저의 집이 여기서 멀지 않습니다. 잠시 들렀다 가시지요."

등짐장수는 젊은이를 따라갔어. 젊은이의 아버지는 그 고장에서 가장 큰 부자였어. 아들에게 사연을 들은 부자는 등짐장수의 손을 덥석 잡았어.

"3대 독자 내 아들의 목숨을 건져 주다니, 당신은 은인이오."

부자는 등짐장수에게 거듭 고맙다는 인사를 하고 3천 냥을 주었단다. 등짐장수는 어려움에 빠진 사람을 구해 주어 복을 받았지.

옛날에 이 등짐장수처럼 물건을 팔러 이 장 저 장 떠돌아다니는 사람을 '보부상'이라고 불렀어. 보부상은 댕기, 비녀 등의 장식품과 금은 세공품을 팔러 다니는 보상(봇짐장수)과 소금, 옹기, 짚신, 생선 등을 팔러 다니는 부상(등짐장수)을 합쳐서 부르는 이름이지. 조선 후기에 들어서면서 전국에 1천여 개의 시장이 생겼는데, 보통 5일마다 열렸단다. 보부상들은 장을 옮겨 다니며 장사를 했지.

낯선 동네를 떠돌아다니다 보면 산적들을 만나 장사 밑천을 빼앗기기도 하고, 병을 얻어 죽을 수도 있잖니. 보부상들은 처음에 3~5명 단위로 접장(보부상의 우두머리)을 두어 그의 명령에 복종했어. 그리고 자기들끼리 의무 사항을 만들어 철저히 지켰지.

보부상들은 길을 가다가 어려운 사람을 만나면 가리지 않고 돌보아 주었어. 만약에 보부상 가운데 죽은 사람이 있으면 장례를 치러 주었고, 장사 밑천이 떨어진 사람이 있으면 서로 돈을 빌려 주어 다시 장사를 하도록 해 주었어.

그런데 규율을 어기는 사람이 있으면 매로 다스렸어. 불효를 저지르는 자는 곤장 50대, 웃어른한테 불손하게 대하는 자는 곤장 40대, 폭리를 취하고 남의 장사를 방해하는 자는 곤장 30대, 술과 여자와 도박에 빠진 자는 곤장 20대, 사발통문에 응하지 않거나 회의에 빠지는 자는 곤장 10대였어. 심지어 회의 시간에 옆 사람과 말을 하다가 걸리면 곤장 15대에 처했지.

이처럼 규율은 엄격했지만 보부상들은 서로서로 도우며 가족처럼 친하게 지냈단다. 그들은 길을 가다 만나면 다음에 만날 날짜와 시간, 장소를 약속하고 서로 옷을 바꿔 입었어. 일심동체를 확인하며 형제 이상의 정을 나누었던 거야. '동포(同胞)', '동포애(同胞愛)'라는 말도 이러한 풍습에서 나왔다는구나. 또한 보부상들은 모임에서 큰 바가지로 술을 돌려마셨어. 이렇게 함으로써 동료애를 다졌던 거지. 요즘 어른들이 술자리에서 벌이는 술잔 돌리기도 보부상들의 이 풍습에서 비롯되었지.

한말에 보부상들은 전국적인 조직을 갖고 있었어. 그래서 나라에 큰일이 생겼거나 보부상의 아내가 죽었을 때, 시장에서 보부상과 관청 사이에 시비가 붙었을 때, 사발통문을 써서 연락하여 한꺼번에 모였지.

사발 주둥이에 먹을 칠해 백지 위에 찍으면 원이 생기잖아. 그 원둘레에 보부상의 이름을 돌려가며 쓰고 전달 사항을 적은 것이 '사발통문'이야. "사발통문이요!" 소리가 들리면 보부상들은 열일 제쳐 두고 곧바로 출동했지. 이들은 시골 구석구석 가지 않는 곳이 없잖니. 그래서 나라에 큰일이 생겼을 때는 파발마(공무로 급히 가는 사람이 타던 말)가 되어 한양에 알렸어. 동학혁명군이 공주에서 군사를 일으켰을 때, 보부상들은 300리가 넘는 길을 30리마다 이어달리기하듯이 달려 몇 시간 만에 한양에 그 소식을 전했다는구나.

한강에서 얼음을 뜨는 장빙군과 얼음을 파는 얼음 장수

조선 시대에는 나라에서 관리하는 얼음 기구가 세 개 있었어. 동빙고와 서빙고와 내빙고야. 한양 동쪽인 옥수정(지금의 서울시 성동구 옥수동)에 있는 동빙고에서는 나라에서 제사를 지낼 때 쓸 얼음을 저장했고, 한강 둔지산에 있는 서빙고(지금의 서울시 용산구 서빙고동)에서는 왕족이나 조정 대신, 각 관아에 나누어 줄 얼음을 저장했어. 그리고 창덕궁 요금문 안에 있던 내빙고에서는 왕에게 바칠 얼음을 저장했지. 저장하는 얼음의 양은 동빙고가 1만 2,044정, 서빙고가 13만 4,974정, 내빙고가 4만 정에 이르렀어.

옛날에는 냉장고가 없어서 추운 겨울에 한강에서 얼음을 깨어 얼음 창고인 빙고에 보관했다가 여름에 꺼내 쓰곤 했지. 나라에서 제사를 드릴 때 얼음이 쓰이기 때문에 조선의 왕들은 얼음을 매우 중요하게 여겼어. 그래서 빙고에 얼음이 얼마나 남아 있고 제대로 관리하고 있는지 직접 보고를 받았단다.

　동빙고에서는 옥수동 앞에 있던 섬인 저자도 근처 강물은 더럽다고 피하고, 그 상류에서 얼음을 떴어. 얼음 창고가 한 채뿐이어서 많은 얼음을 보관하지는 못했지. 하지만 서빙고에는 얼음 창고가 여덟 채나 있어 많은 얼음을 떠서 보관할 수 있었어.

　한겨울에 강물이 두께 4치 이상으로 얼면 얼음을 채취했는데, 칡 끈을 얼음에 동여매서 사람들이 넘어지지 않도록 했어. 또한 강가에는 장작불을 피워 동상에 걸리지 않게 했지.

　인부는 관원이나 군인들뿐 아니라 빙고 근처에 사는 백성들까지 동원했어. 이 사람들을 '장빙군'이라고 불렀단다. 얼음을 뜨고 빙고까지 옮기는 일이 어찌나 힘들고 고된지, 강에 얼음이 얼 때쯤이면 빙고 근처의 마을 장정들이 밤에 몰래 달아났어. 그리하여 겨울에 생과부가 되어 버린 여인들은 '빙고 청상'이라고 불렸다는 거야.

　조선 시대의 법전인 〈경국대전〉에는 서빙고 문을 열어 언제, 누구에게 얼음을 나누어 줄지 법으로 정해져 있었단다. 그에 따르면 5월 보름에서 7월 보름까지는 홍문관, 승정원, 비변사, 시강원, 춘추관, 내병조, 내의원, 양현고 등에 얼음을 나누어 주고, 6월 초하룻날부터 그믐날까지는 왕족 종친과 문무 당상관을 비롯한 신하들에게 얼음을 나누어 주었지. 또한 의료 기관인 활인서의 환자들과 의금부, 전옥서에 갇힌 죄수들에게도 얼음을 나누어 주었어. 죄수들에게 얼음을 주어 먹이는 것은 그들 몸속에 서린 악한 기운이 밖으로 나오는 것을 막기 위해서라나.

　나라에서 얼음을 나누어 주는 것을 '사빙'이라고 해. 왕이 하사한 나무로 된 빙표를 서빙고에 가져가면 정해진 양의 얼음을 내주었지. 심부름 보낼 종이 없는 사람들은 얼음을 얻어가지 못했다고 해. 세조 때의 관리인 봉석주는 이때를 노려, 자기 종들을 이들이 보낸 종으로 속여 빙표를 위조하여 얼음을 타오게 했지. 그렇게 해서 얻은 얼음을 시장에 내다 팔아, 봉석주는 큰돈을 벌었다는구나.

그런데 조선 전기를 넘기면서 어물전·푸줏간 등에서 얼음 수요가 엄청나게 늘어나, 이들 가게에 얼음을 공급하는 얼음 장수가 생겨났어. 그 대표적인 얼음 장수가 연산군 때의 명신인 강희맹의 후손들이었어. 이들은 양반이었지만 얼음 장사에 나서, '사빙고'라고 불리는 얼음 창고를 지어 한겨울에 한강에서 얼음을 채취해 보관했다가 내다팔았단다. 강희맹의 후손들은 300년 가까이 얼음 장사를 하여 상당한 부를 축적했다는구나.

이들처럼 얼음 장사에 나섰던 양반들을 '반호'라고 불렀어. 이 양반들은 자기 집에 있는 종들을 동원해 한강에서 얼음을 떴어. 그리고 얼음을 사빙고에 넣어 두었다가, 얼음 수요가 많아지는 여름에 내다 팔았지. 또한 '빙계'라고 하여 시전 상인들이 한강 근처에 사는 장정들을 동원하여 얼음 장사에 뛰어들었어. 그리하여 한강 주변에는 반호와 빙계가 설치한 사빙고가 30채에 이르렀지.

1898년 빙고 제도가 없어져 동빙고·서빙고·내빙고는 역사 속으로 사라졌지만, 사빙고는 현대에까지 살아남아 얼음 장사를 계속했단다.

소를 사고파는 사람들을 연결해 주는 거간꾼

인류가 소를 기르기 시작한 것은 기원전 4500년쯤으로 추정되고 있어. 이라크의 모술 근처에서 가축화된 소의 뼈가 발견되었거든. 우리나라는 그보다 한참 뒤인 기원전 4세기쯤부터 소를 가축으로 기른 것으로 추정하고 있어.

〈삼국지〉「위지 동이전」 부여조에는 "전쟁이 있을 때 소를 잡아 하늘에 제사를 지내고, 그 발굽을 보아 길흉을 점친다."라는 대목이 있어. '발굽이 갈라지면 흉하고 발굽이 붙으면 길하다.'라고 생각했다는 거야.

조선 시대, '선농단' 행사 때 소를 잡아 제물로 바쳤어. 선농단은 농사의 신인 신농씨에게 풍년을 빌며 해마다 임금이 제사를 지내던 곳이야. 이때 제물로 바쳐진 소는 탕으로 만들어져 모든 사람이 나눠 먹었는데, 이것이 지금의 '설렁탕'이라고 해.

소가 농사에 이용되었다는 것은 신라 지증왕 3년(502년) "소로 논밭을 갈기 시작했다."라는 〈삼국사기〉의 기록에서 찾아볼 수 있어. 우리 민족은 이처럼 오랜 옛날부터 농사에 소를 이용해 왔는데, 소에 대한 애정은 아주 각별했어. 당시에는 한 핏줄의 가족인 '식구(食口)'와 구별하여 한 집에서 사는 종을 '생구(生口)'라고 불렀어. 그런데 사람들은 소를 '생구'로 여겨 정성을 다해 보살펴 주었어. 외양간을 부엌 옆에 두고, 쇠죽가마와 밥 짓는 가마를 나란히 걸어 놓는 등 소를 사람처럼 대접했단다.

육당 최남선이 1946년에 펴낸 〈조선 상식 문답〉에는 "조선의 소는 체질이 퍽 강건하여 결핵병에는 거의 면역력을 가졌고 성질이 온순하여 부리기에 좋고 마구 길러도 번식을 잘합니다. 농경용이나 운반용 어디에도 적당하고 또한 고기 맛이 좋아 식용으로도 썩 좋으니, 이런 여러 장점을 모두 가진 점에서 거의 세계 제일입니다. ……조선의 소는 다만 국내용뿐 아니라 매년 수만 두(頭)씩 국외로 수출되고 있습니다."라는 내용이 나오지.

우리나라의 소인 한우의 우수성은 일본에서도 알아주었어. 1922년 일본 야마구치 현에서 '고기소 품평회'가 열렸는데, 한우가 일본의 내로라하는 소 30여 마리를 물리치고 1등을 차지했다고 해.

소는 오랜 옛날부터 우리나라 농가에서 매우 중요하게 생각했어. 농사일에 꼭 필요한 데다 땅과 더불어 기본적인 재산이었기 때문이야.

그래서 조선 시대에는 소도둑을 '우적(牛賊)'이라 부르며 가장 못된 도둑으로 여겼어. 소를 훔쳤다가 관가에 붙잡히면 교수형에 처할 정도였지. 운이 좋아 교수형을 면해도 얼굴에 '우적'이라는 글자가 새겨졌단다.

그만큼 소가 중요한 자산이었기 때문에 소를 사고파는 우시장은 늘 사람들로 붐볐어. 우시장은 흔히 '쇠전'이라고 부르는데, 일제 강점기인 1918년에는 전국에 655개 있었어. 그중에서 91개의 우시장이 있는 경상북도가 가장 매매가 활발했어. 옛날부터 전국에서 가장 크다고 소문난 김천·안동·영주의 우시장이 모두 경상북도에 속해 있었지. 지금도 경상북도가 전국 우시장의 3분의 1을 차지하고 있단다. 그밖에 함경북도의 명천·길주의 우시장, 경기도의 수원읍장·양주군 상패장·용인군 백광장 등이 상당한 규모의 우시장이었어.

옛날부터 우시장에는 '거간꾼'이라고 하여 소를 파는 사람과 사는 사람을 연결해 주는 중개인이 있었단다. 거간꾼은 우시장 안에 소를 묶어 놓는 말뚝을 몇 개 갖고 있지. 소를 파는 사람이 우시장에 오면 소를 말뚝에 묶어 놓고 '말뚝세'를 내는데, 입장세라 할 수 있어.

그다음에는 거간꾼이 소를 살 사람을 데려와 소를 구경시킨단다. 뿔이 곧게 뻗고, 짧은 털에 윤기가 흐르며, 가슴께가 너르고 잔등이가 소박한 데다, 엉덩이가 네모로 올라가 붙은 소가 좋은 소라고 해. 그리고 뿔이 벌어지고 발을 절거나 점박이인 소, 등 가운데가 움푹 들어가며 엉치가 홀쭉한 소는 나쁜 소래. 흥정을 하여 거래가 이루어지면 거간꾼은 소를 산 사람으로부터 수수료를 받아 챙겼단다.

 옛날에는 소장수가 세 종류 있었어. 첫째는 소 수집상으로, 농촌 마을을 돌아다니며 소를 모아 우시장에 내놓았지. 둘째는 소 중개상으로, 우시장에서 소를 파는 사람과 사는 사람에게 흥정을 붙여 수수료를 받았어. 셋째는 이동 상인으로, 자신이 하거나, 아니면 소몰이꾼을 통해 소를 다른 시장으로 옮겼지.

 옛날에는 우시장이 오후에 열려 저녁에 끝났어. 그래서 일찍 집에 가지 않으면 밤길에 소도둑을 만나 소 판 돈을 빼앗기기도 했단다.

 농촌에서는 보통 추수가 끝날 때 소를 내다 팔고, 농사가 시작되는 봄철에 소를 사들였어. 농사에 소를 이용해야 하기에 봄철에는 소 값이 뛰었다고 해.

소금을 지게에 지고 산골 마을을 찾아다닌 소금장수

　소금은 나트륨과 염소의 화합물로서 '염화나트륨'이라고도 해. 식품명은 '식염'인데, 음식의 맛을 내는 조미료나 물건이 썩지 않게 하는 방부제로 옛날부터 널리 사용되어 왔지.

　〈이솝 우화〉로 유명한 이솝은 소금에 대해 "제일 맛 좋은 음식도 소금이고, 제일 맛없는 음식도 소금이다."라고 말한 적이 있단다. 그만큼 소금이 음식의 맛을 내는 데는 없어서는 안 된다는 것을 말해 주는 것이지. 그래서 요리할 때 음식의 맛을 내는 것을, 소금 맛을 뜻하는 '간 본다'고 하는 거야.

　소금은 동물이 살아가는데 꼭 필요한 물질이야. 사람의 몸속에는 소금이 100그램쯤 있는데, 하루에 12~13그램의 소금을 섭취해야 생명을 유지할 수 있어. 만약에 소금이 부족하면 소화액이 분비되지 않아 식욕 감퇴가 일어나고, 나중에는 어지럼증, 권태, 피로, 정신 불안, 전신 무력 등이 일어나. 하지만 소금을 많이 섭취하면 혈압이 올라, 성인병의 원인이 되는 고혈압증에 걸릴 수도 있단다.

원시 시대에는 사람이 동물을 잡아먹음으로써 몸에 필요한 소금을 얻을 수 있었어. 그런데 사람이 농사를 지어 식물을 섭취함으로써 소금을 얻지 못하게 되자, 이를 식품의 일부로 사용하게 되었지.

우리 민족은 곡식을 주식으로 하는 농경민족이기 때문에, 짠맛을 지닌 반찬을 좋아했어. 김치, 장아찌, 젓갈, 절인 생선 등 소금에 절여 저장하는 것들이었지.

소금은 조미료나 방부제뿐 아니라 나쁜 것을 쫓는 주술적인 도구로도 이용되었어. 귀신을 쫓는 힘이 있다고 믿었던 옛날 사람들은 귀신을 쫓는 다며 소금을 뿌리기도 했지.

인류가 소금을 만들기 시작한 것은 아주 오랜 옛날부터였어. 동물을 사냥하던 원시 시대를 벗어나 농경 생활을 시작하면서, 소금이 필요하여 암염(암석의 사이 등에서 천연으로 나는 소금)이 있는 곳이나 염호(짠물이 괴어 있는 호수), 바닷가 등에서 소금을 생산하게 된 거야. 이런 곳들은 산속의 사냥꾼이나 들녘의 농부들이 모여들어 교역의 중심지가 되었고, 물물 교환이 이루어짐으로써 소금은 화폐 구실을 했어. 로마 시대에는 군인이나 관리들의 봉급을 소금으로 지급했어. 또한 고대 그리스 사람들은 노예를 소금으로 샀으며, 자기 딸을 내주고 소금을 받는 경우도 있었어.

우리나라에서는 언제부터 소금을 만들었는지 확실히 알려진 기록이 없어. 다만 〈삼국지〉「위지 동이전」 고구려조에 "바닷가 지방에서 소금을 운반해 왔다."라는 내용이 나오고, 〈삼국사기〉에 미천왕이 젊은 시절에 소금 장수를 했다는 대목이 나와. 따라서 삼국 시대에 소금을 바닷가 지방에서 생산했음을 짐작할 수가 있지.

우리나라는 삼면이 바다로 둘러싸여 있어 바닷물을 통해 소금을 생산했어. 바닷물에는 소금이 3퍼센트나 들어 있어, 염전을 만들어 태양과 바람을 이용해 증발시켜 소금을 얻는 거야. 이러한 생산 방식은 조수 간만의 차이가 커서 염전을 만들기 쉬운 서해안, 남해안 지역에서 주로 사용되었어. 그러나 입지 조건이 좋지 않은 동해안에서는 염전을 만들지 못하고, 바닷물을 가마에 넣고 끓여 소금을 생산했지.

바닷가에서 만들어진 소금은 배를 통해 육지로 옮겨졌어. 백제 초에는 남한강을 이용해 소금이 충청도 산골 마을까지 보급되었다고 해.

조선 시대에는 바닷가에서 만들어진 소금이 서울 주위에 있는 포구로 일단 운반되었어. 광나루, 뚝섬 나루, 양화 나루, 마포 나루 등이 소금이 집결되는 포구였지. 구매 독점권을 갖고 있는 상인들은 소금을 사서 남한강을 통해 지방으로 내려갔어.

강원도 영월에는, 배가 도착하면 수백 명의 장사꾼들이 모여들었어. 이

들은 소금을 받아 지게에 지고, 뿔뿔이 흩어져 강원도 산골 마을을 찾아다녔지. 소금장수들은 10월쯤에 소금을 팔러 다니기 시작하여 가을 내내 장사를 했다고 해. 그런데 소금이 워낙 무겁기 때문에 어느 정도 팔면 더 깊은 산속으로 들어가지 않았대. 그러니 산속 깊이 사는 사람들은 소금을 구할 수가 없었지. 그래서 이런 꾀를 내었다고 해. 소금장수를 그 마을의 처녀나 과부에게 장가들게 했다는 거야. 가족을 만나기 위해 소금 지게를 지고 올 테니 말이야.

우리나라에는 소금장수에 얽힌 옛이야기들이 많이 전해지고 있어. 소금장수가 이 마을 저 마을 돌아다니며 이런저런 소식을 전했기 때문이지.

구한말에는 청나라에서 '호염'이라는 산동성 소금이 밀수선을 통해 들어와, 소금장수들을 통해 전국 각지에 보급되었어. 호염이 우리나라 소금보다 더 짜고 김치 맛을 더해 준다고 큰 인기를 끌었단다.

바둑을 두어 먹고사는 바둑 기사

바둑은 두 사람이 가로 세로 19줄 361점인 바둑판 위에 서로 한 점씩 바둑돌을 번갈아 놓아, 각자 차지한 집이 많고 적음을 따져 승부를 겨루는 게임이야. 높은 경지에 이른 고수는 바둑돌과 바둑판이 없어도 손만으로 바둑을 둘 수 있다고 하여 '수담(手談)'이라 부르기도 하지.

바둑은 오랜 옛날 고대 중국에서 처음 시작되었다고 해. 요순시대에 요 임금과 순 임금이 어리석은 아들 단주와 상균을 깨우치기 위해 바둑을 만들었다는 거야. 또는 농경 사회에서 별들의 움직임을 관측하는 별자리 표시 기구가 변하여 바둑이 발명되었다는 설도 있어. 하지만 어느 것도 믿을 만한 근거가 되는 것은 아니야.

바둑이 우리나라에 전해진 시기는 확실하지 않지만 삼국 시대로 보고 있어. 삼국 시대 사람들이 바둑을 즐겼다고 중국 문헌인 〈북사〉「백제전」,

〈신당서〉「고구려전」, 〈구당서〉「신라전」 등에 기록되어 있단다.

우리나라의 〈삼국사기〉「백제 본기」에도 바둑을 몹시 좋아했던 백제 개로왕에 대한 이야기가 실려 있어.

고구려의 첩자였던 승려 도림은 백제에 가서 개로왕에게 접근했어. 바둑의 고수였던 그는 날마다 개로왕과 바둑을 두었지. 그래서 개로왕의 마음을 사로잡고 친한 친구가 된 거야. 어느 날 도림은 바둑을 두다가 개로왕에게 넌지시 말했어.

"저는 고구려 사람입니다만, 대왕의 나라는 사방이 산과 언덕, 강과 바다로 둘러싸여 있어 하늘이 내린 요새입니다. 어느 나라도 감히 넘보지 못할 것입니다. 하지만 이 나라에 당장 필요한 것은 국가의 위엄을 세우는 일입니다. 성곽과 궁전을 다시 짓는다면 대왕의 위상도 높아져, 다른 나라에서도 대왕을 우러러볼 것입니다."

개로왕은 도림의 조언을 받아들여 성을 새로 쌓고 화려한 궁전을 지었어. 하지만 큰 공사로 국고가 바닥 나, 백성들은 왕을 원망했지. 그즈음 도림은 백제를 몰래 빠져나와 고구려로 돌아가, 자신이 수집한 정보를 장수왕에게 보고했어. 그러자 장수왕은 475년(장수왕 63년) 3만 군사를 거느리고 백제로 쳐들어갔어. 백제의 수도인 한성은 금세 함락되었고, 개로왕은 포로가 되어 목숨을 잃고 말았지.

성을 버리고 남쪽으로 달아나 웅진에 도읍을 정한 개로왕의 아들 문주

왕은, 아버지가 바둑에 빠져 나라의 위기를 맞았다며 백성들에게 바둑 두기를 금하였다는구나.

바둑은 고려 때에도 여성들이 즐길 만큼 많은 사람들에게 사랑을 받았어. 그리고 조선 시대에 와서도 궁중과 양반 사회에 널리 퍼지더니 온 가족이 즐기는 놀이가 되었지.

고려 때부터 바둑 잘 두는 사람을 '국수'라고 불렀어. 국수라면 바둑계를 평정한 최고수를 말하는데, 조선 시대에는 손꼽히는 국수가 여러 명 있었어.

그 가운데 최초의 국수는 선조 때 활동했던 덕원령이야. 7~8세에 배워 조선 최고가 된 그는 공격형 바둑으로 유명했어. 그런데 덕원령은 특이하게도 바둑을 두기 전에 술을 많이 마시는 버릇이 있었지. 그는 바둑의 고수인 명나라 사신과 불꽃 튀기는 바둑 대결을 펼치기도 했단다.

덕원령의 뒤를 이은 국수는 중인 출신인 숙종 때의 유찬홍이었어. 어렸을 때 바둑 두는 사람을 따라다니며 배웠는데, 그는 하루아침에 국수가 되어 버렸어. 바둑계의 강자들을 모조리 물리쳤거든. 그야말로 천재형의 바둑 기사였지.

유찬홍의 뒤를 이은 국수는 정조 때의 정운창이었어. 사촌 형에게 바둑을 배운 그는 바둑에 푹 빠져 5~6년 동안 문 밖 출입을 하지 않았어. 얼마나 바둑에 몰두했는지 먹고 자는 것을 잊어버리기 일쑤였어. 결국 10년 만에 실력을 키워 세상 밖으로 나왔지. 그때 그는 전국 곳곳을 누비며 바둑의 고수들을 모두 물리쳤어. 그리하여 조선 최고의 기사인 국수가 되었지.

바둑을 좋아하는 높은 벼슬아치들은 많은 상금을 걸고 고수들을 불러들여 바둑 대회를 열었어. 정운창은 평안 감사의 주선으로 평양에서 '바둑의 신'이라 불리던 김종귀와 대결을 벌인 적이 있었어. 그때 승리를 거두어 상금으로 집 한 채 값이 넘는 백금 20냥을 받았단다.

산신이 준다는 산삼을 캐러 다니는 심마니

산삼은 깊은 산속에서 자라는데, 옛날부터 사람이 재배한 인삼보다 더 귀하게 여겨졌어.

산삼은 단맛이 있고 약간 쓰며, 약효는 인삼과 비슷하다고 해. 오래된 산삼일수록 귀하게 여겼는데, 일제 강점기에는 평안도 강계 땅에서 900년 묵은 산삼이 발견되어 당시로는 어마어마한 가격인 3천 원에 팔려 화제가 되었어.

우리나라 옛이야기 가운데는 산삼이 죽을병도 고치는 신비의 약재라며, 산신령이 효심에 감동하여 효자에게 주었다는 이야기가 있어. 효도를 권하는 뜻을 담고 있지만, 한편으로는 산삼을 만병통치약으로 여겼음을 알 수 있지.

우리나라에서는 함경도의 개마고원 일대, 평안북도의 강계·자성·후

창 일대, 강원도의 설악산·오대산·금강산 일대, 남쪽의 지리산, 덕유산 일대를 산삼이 많이 나는 곳으로 꼽고 있어.

조선 시대에 너도나도 캐서 귀해지자, 전문적으로 산삼을 캐는 사람들이 생겨났어. 이들을 '심마니' 또는 '심메마니'라고 부르지. '심'은 삼, '메'는 산, '마니'는 범어(梵語)에서 유래된 말로 큰사람이라는 뜻이야. 심마니들은 세 명에서 열한 명까지 무리를 지어 산속을 헤매며 여러 날 동안 산삼을 캐러 다녔단다.

이들은 산에 들어가는 날짜가 정해지면 언행을 삼가고 조심하며 지냈어. 날마다 목욕을 하고 개와 닭을 잡지 않았으며, 고기나 생선을 먹지 않았어. 그리고 초상집에도 가지 않고, 관이나 상여 등 부정한 것을 보지 않았어. 부정을 타서 산신이 노하면 산삼을 얻지 못한다고 믿었기 때문이야. 심마니들은 산삼을 산신이 찾아 준다고 생각했거든.

이들은 입산 전날에 서낭당이나 고목나무 아래 모여 제사를 지내고, 이튿날 날이 밝으면 산으로 들어갔어. 산에 도착하면 제일 먼저 하는 일이 '모둠'이라는 천막을 짓는 것이야. 그다음에는 돼지머리, 밥, 떡 등 제물을 올려 산신에게 제사를 지냈지.

제사를 마치면 산삼이 발견되었던 곳으로 머리를 두고 곧바로 잠을 청했다고 해. 물론 호랑이에게 물려가거나 돼지를 잡는 등, 산삼을 캘 수 있는 꿈을 꾸기 위해서였지.

심마니들은 되도록 대화를 삼가고 조심하며 지냈어. 의사소통은 손짓, 발짓이나 지팡이로 대신하고, 꼭 필요한 말은 은어로 했지. 산은 산신이 다스리는 곳이기에 속된 세상의 말을 쓰는 것은 불경스럽다고 생각했기 때문이야.

산삼을 처음 발견한 사람은 "심봤다!"를 크게 세 번 외쳤어. 그러면 일행은 동작을 멈추고 그 자리에 앉아 있어야 했지. 산삼을 발견한 사람이 산삼에 표시를 하고 나서 "소망 보시오!" 하고 외치면, 그제야 일행은 움직일 수 있었단다.

심마니들은 산에 들어가기 전에 산삼을 발견하면 어떻게 할지를 미리 정해 놓지. 누가 산삼을 발견하든 골고루 나눠 갖는 '원앙메' 방식과, 처음 발견한 사람이 그 산삼을 독차지하는 '독메' 방식 중 한 가지를 택하게 되지.

발견하면 산삼에게 절을 한 뒤 조심스럽게 캐내기 시작해. 뿌리를 다치면 제 값을 받지 못하기 때문에 넓고 깊게 파내려 가지.

산삼을 캐고 나면 산신에게 고마운 마음의 표시로 그 자리에 엽전 몇 개를 집어넣고 흙으로 덮었어. 그러고는 산신에게 제사를 지낸 뒤 산에서 내려왔단다.

4차 산업 혁명 시대의 유망 직업

방대한 양의 데이터를 수집·가공·분석하는 빅데이터 전문가

우리는 문자·이메일·유튜브·블로그·페이스북·인스타그램 등 수많은 정보의 홍수 속에서 살고 있어요. 전 세계에서 하루에 생산되는 데이터의 양만해도 무려 2.5엑사바이트에 이르러요. 사람들은 데이터의 부가가치가 매우 높다며 이를 정보화 사회의 '석유'에 비유해요. 데이터를 잘 활용하면 석유와 같은 중요한 역할을 한다는 뜻이지요.

방대한 양의 데이터를 '빅데이터'라고 해요. 그리고 하루에도 수백만 개씩 실시간으로 쏟아지는 정보들을 분석하고 관리하여 가치 있게 만드는 사람들을 '빅데이터 전문가'라고 해요. 이들은 방대한 양의 데이터를 수집하여 이를 어디에, 어떻게 활용할 것인지 기획하고 분석해요. 그리하여 그 결과물을 시각화하여 보고서를 작성한 뒤 기업 경영이나 마케팅 분야에 활용하지요.

빅데이터 전문가는 대기업, ICT 회사, 금융 회사, 의료 기관, 게임 회사, 공공 기관, 전문 데이터 분석 업체 등에서 일해요. 사업 경쟁력을 높일 수 있기 때문에 대기업에서는 빅데이터 전담 부서를 두는 경우가 많아요. 빅데이터 전문가는 많은 자료를 여러 방면으로 분석하기 때문에, 마케팅 분야의 지식과 통계학에 대한 이해력이 높은 사람에게 유리해요. 우리나라에서는 숙명여대·국민대 등 주요 대학에서 빅데이터 학부 과정을 개설하여 운영하고 있어요.

가상현실 콘텐츠와 시스템을 기획하고 개발하는 가상현실 전문가

가상현실은 실제는 아니지만 진짜 있는 것처럼 느끼는 것을 말해요. 그러니까 컴퓨터 기술을 이용하여 가상현실 시스템을 인공적으로 만들어, 우리가 체험한 것처럼 느끼게 하는 것이지요. 요즘 의과 대학에서는 학생들이 수술 실습을 할 때 실제 환자를 상대하지 않고 가상현실 시스템을 사용하는 경우가 많아요. 탱크나 비행기 훈련, 게임 등에서도 가상현실 체험이 이루어져요. 가상현실 시스템을 사용하는 이용자는 현실 세계에서 불가능한 것까지도 체험할 수 있어요.

가상현실 전문가는 가상현실 콘텐츠와 시스템을 기획하고 개발하는 사람이에요. 이들은 교육·비행·게임·관광·훈련 등 이용자가 원하는 가상의 세계가 무엇인지를 알아내고, 그에 따라 가상현실 콘텐츠와 시스템을 만들어요.

가상현실 기술은 1990년대부터 교육·방송·운전 연습·정비 등에서 이용되기 시작했어요. 그 뒤로는 의료·게임·영화·주택·의상·전시·오락 등 우리 생활의 모든 분야에서 사용되고 있어 일자리 전망이 매우 높은 편이에요. 활동 분야는 가상현실 전문가 인력이 필요한 ICT 회사, 게임 회사, 방송 및 영상 제작 업체, 영화·공연 관련 회사, 교육 콘텐츠 회사, 온라인 쇼핑 업체, 마케팅 기업 등이에요.

가상현실 전문가가 되기 위해서는 컴퓨터·소프트웨어에 대한 지식이 필요하므로 컴퓨터·소프트웨어 전공자가 유리해요. 무엇보다도 현실 세계와 가상의 세계를 종합적으로 보는 분석력과 창의력, 공간 지각 능력 등이 있어야 한답니다.

세계의 이색 직업

엉덩이로 돈을 버는 침대 감별사

영국 랭커셔 지방의 한 침대 회사에 그래험 버터필드라는 50대 남자가 직원으로 일하고 있었어요. 이 남자는 이 회사 영업부에서 27년 동안 근무했는데, 그가 맡은 일은 아주 특이했어요. 침대에 엉덩이를 걸치고 앉아 침대의 품질을 평가하는 것이었거든요.

"이 침대는 그 안에 양털을 넣었군요."

버터필드는 침대에 엉덩이를 대기만 해도 그 안에 채워진 재료가 양털인지 오리털인지 귀신같이 알았어요.

버터필드는 침대에 앉아 감촉, 부드러움, 재질에 대한 의견들을 제시했어요. 그러면 회사 생산부서에서는 그의 의견들을 모두 받아들여 제품 개발에 적극 반영했어요.

어느 날 회사 간부가 그를 불러 말했어요.

"버터필드 씨, 당신 엉덩이는 우리 회사의 보배예요. 당신이 뜻하지 않은 사고로 엉덩이를 다친다면 우리 회사로서는 큰 손실입니다. 그래서 보험 회사에 의뢰하여 당신이 엉덩이에 부상을 입었을 경우 최고 100만 파운드(약 15억 원)를 보상받을 수 있는 보험을 만들어 달라고 했어요."

마침내 버터필드는 회사의 주선으로 100만 파운드짜리 '엉덩이 보험'에 들었어

요. 그의 엉덩이를 보호하는 일이었기에 침대 회사에서는 아깝지 않은 투자라며 만족해했다는군요.

버터필드의 직업이 바로 '침대 감별사'예요. 침대에 앉거나 누워 침대를 평가하는 것이에요. 침대 감별사는 침대의 재질이나 감촉, 부드러움을 평가하고 의견을 제시해요. 그러면 회사에서는 이 의견을 제품 개발에 적용하여 신상품을 만들지요.

어떤 회사는 새로운 침대를 출시하면 이를 침대 감별사 집에 보내요. 침대 감별사는 이 침대를 한 달 동안 사용해 보고, 그 평가서를 적어 침대 회사에 보내지요. 그렇게 집에서 빈둥거리며 침대 위에서 지내도 꼬박꼬박 월급을 받고 새 침대까지 가질 수 있다니! 침대 감별사야말로 남들의 부러움을 한 몸에 받는 직업이 아닐까요?

골프장 연못에 빠진 공을 건져 파는 골프공 다이버

미국 골프장에는 '워터 해저드'라는 연못 혹은 호수가 있어요. 골프 경기를 보면 골프장 코스를 거쳐야 하는데, 코스 곳곳마다 연못이라는 장애물이 있어요. 프로 골프 선수들도 이 장애물을 몹시 두려워해요. 골프공을 물에 빠뜨리는 경우가 많거든요. 신인 시절에는 물을 피하려 하면 할수록 지남철에 끌리듯 오히려 골프공이 물가로 간다는군요.

미국에서는 일 년에 3억 개의 공이 물에 빠진다고 해요. 2011년 한국인 프로 골

프 선수 최경주가 플레이어스 챔피언십에서 우승했는데, 그 대회가 열렸던 플로리다 주 폰테 베드라비치의 TPC 소그래스 17번 홀은 물로 둘러싸인 아일랜드 홀로 널리 알려져 있어요. 여기서만 일 년에 12만 개의 공이 물에 빠진다고 해요.

그런데 미국에는 물에 빠진 골프공을 전문적으로 찾는 사람들이 있어요. 이들이 바로 '골프공 다이버'예요. 이들은 고무로 된 잠수복을 입고 스킨스쿠버 장비를 갖춘 뒤 물속에 들어가, 그물망에 골프공을 주워 담는 일을 해요.

개인의 능력에 따라 다르지만, 하루 평균 3~4천 개의 공을 건진다고 해요. 그 공들을 깨끗이 씻은 뒤 상태에 따라 12개 등급으로 나누어 골프장·골프 연습장·할인점 등에 팔아넘겨요. 깨끗한 것은 개당 2달러, 골퍼들에게 인기가 높은 소매가 5달러인 타이틀 리스트의 '프로 V1'은 3달러까지도 받아요. 이렇게 해서 일 년에 벌어들이는 돈이 5만 달러(약 5,310만 원)에서 7만 달러(약 7,434만 원)쯤 돼요.

수입은 적지 않지만 작업은 만만치가 않아요. 한 길이 넘는 연못 속으로 무거운 산소통을 메고 잠수해야 해요. 수질이 흐려 앞이 잘 보이지 않는 데다 악취가 코를 찔러요. 심지어 악어를 만나 죽음의 위기를 맞이하는 경우도 있어요. 게다가 천 개가 넘는 골프공이 든 가방까지 들고 다녀야 하니, 건강하지 않으면 할 수 없는 일이에요.

골프공 다이버는 그 일을 하는 조건으로 일정 금액을 골프장에 상납하지요.

힘들고 고되긴 해도 수입이 보장되는 일이기에, 미국에서 골프공 다이버의 숫자가 꾸준히 늘어나고 있다고 해요.

제3부

밑바닥 사람들의 직업 이야기

소나 돼지를 잡는 백정

　백정은 조선 시대에 소나 돼지를 잡거나 고리(고리버들의 가지로 엮은 바구니)·가죽신 등을 만들어 팔고, 망나니로서 사형 집행도 맡았던 계층이야.
　고려 시대에는 군역의 의무를 지니지 않은 일반 농민을 뜻하였어. 그런데 조선 시대에 들어와 고려 시대의 천민 계층인 화척을 가리키는 말로 바뀌었지.
　화척은 고려 시대에 들어온 여진·거란족 같은 북방 민족의 후예로, 유랑 생활을 하며 소나 돼지를 잡는 도살과 고리·가죽신 만드는 일로 생계를 이어갔어. 세종 때는 이들을 양인으로 대우해 주려고 백정이라 부르게 했어. 양인은 세금을 내지만 천민은 내지 않으므로, 화척도 양인 신분으로 바꾸어 세금을 거두어들일 생각이었지. 하지만 이런 조치는 백정인 일반 농민들의 불만을 샀고, 자기들과 구분하려고 화척을 '신백정'이라 불렀어.

그 뒤부터 일반 농민들은 백정이라 불리는 것을 꺼리게 되어, 백정이라는 칭호는 천하게 여기는 도살업을 하는 화척을 부르는 말로 굳어져 버렸단다.

백정은 법적으로는 양인 계층이었지만 정부로부터 가혹한 통제와 탄압을 받았어. 정부는 백정이 고려 때 유랑 생활을 하며 생활이 어려워지면 민가를 습격해 노략질했다는 이유로, 이들을 모두 찾아내어 일정한 지역에 모여 살게 했어. 또한 별도의 호적을 만들어 출생·사망·도망 등을 기록해 임금에게 보고하도록 했어. 그리고 다른 지역에 갈 때는 반드시 통행증을 발급받아 지니게 했지.

백정한테는 형벌도 엄하게 적용해, 정부의 허락 없이 소나 말을 잡으면 장형 100대, 유형 3,000리, 그리고 몸에 먹물을 넣는 형벌을 받았어. 그뿐 아니라 가족까지 역마을이나 역참의 노비로 삼아 버렸단다.

조선 시대에 도살업은 백정들의 대표적인 직업으로서 거의 독점을 했어. 개화기 때는 백정에게 맡기지 않고 양인이 직접 소나 돼지를 잡으면 백정이 그 집을 찾아가 행패를 부렸다고 해. 그때는 보수의 몇 배에 달하는 이른바 '백정 입마개 돈'을 주어야 순순히 물러갔는데, 마을에서는 이 돈을 마련하기 위한 계까지 생겨났다고 해.

백정은 소를 잡으면 그 대가로 소의 내장·가죽·피·꼬리·족 등을 받았는데, 이를 장에 내다 팔아 큰돈을 벌 수 있었어.

백정은 1894년 갑오경장으로 신분제가 폐지되어 해방되었어. 그러나 백정에 대한 일반 사람들의 차별은 여전하여, 그 집안과는 혼인도 하지 않을 뿐더러 한 마을에서 사는 것조차 꺼렸어.

　백정에 대한 멸시와 천대는 여간 심하지 않았어. 백정은 옷차림부터 일반 사람들과 달랐어. 아무리 돈이 많아도 명주 비단옷을 입을 수 없었으며, 두루마기·털모자도 쓸 수 없었어. 갓·망건·가죽신도 허용되지 않았어. 그들은 댓개비로 엮어 만든 갓의 한 가지인 패랭이를 쓰고 다녀야 했어.

　백정은 혼례·상례에서도 심한 차별을 받았어. 혼인을 할 때 신랑은 말 대신 소를, 신부는 가마 대신 널빤지를 타야 했어. 그래서 백정 집안의 결혼은 '쇠등 장가, 널빤지 시집'이라 했지. 또한 신부는 비녀를 꽂아 머리를 올릴 수도 없었어. 초상이 나도 상여를 쓸 수 없었으며, 묘지도 별도로 잡아야 했어.

　백정은 일반 사람들이 사는 마을에서 벗어나, 외진 곳에 마을을 이루어 살았어. 일반 사람들이 사는 마을을 지나칠 때는 죄인처럼 머리를 숙인 채 뛰듯이 걸어야 했어. 머리를 든 채 천천히 걸으면 사람들에게 붙잡혀 몰매를 맞고 봉변을 당하기 때문이야.

　일반 사람들 앞에서는 술과 담배를 할 수 없었으며, 양인에게까지 먼저 인사하고 존댓말을 써야 했어. 어린아이에게도 굽실거리며 말을 높여야 했지. 어린아이에게는 '도련님, 애기씨', 젊은 사람에게는 '서방님', 늙은 사람에게는 '생원님'이라 부르면서 자신은 소인이라 불렀단다.

인간의 길흉화복을 점치는 점쟁이

조선 제13대 왕 명종 때 한양에 홍계관이라는 용한 점쟁이가 있었지.

어느 날, 홍계관은 자신의 운수를 점쳐 보았어. 그랬더니 모년 모월 모일에 죽는다는 점괘가 나오는 거야.

'살 방법이 없을까?'

홍계관은 다시 점을 쳐 보았어.

그런데 왕이 앉는 의자 밑에 숨으면 살 수 있다는 점괘가 나왔어. 그는 곧장 명종을 찾아갔어. 그래서 명종의 승낙을 얻어 그가 앉는 의자 밑에 숨어 있었지.

명종은 홍계관이 얼마나 용한 점쟁이인지 궁금했어. 그래서 때마침 쥐 한 마리가 마당을 지나가자 물었지.

"방금 쥐가 지나갔는데 모두 몇 마리인지 알아맞혀 보아라."

"세 마리입니다."

"뭐라고?"

명종은 홍계관의 대답을 듣고 버럭 소리를 질렀어.

"용한 점쟁이인 줄 알았더니 순 사기꾼이로구나! 세상 사람들을 속여 세상을 어지럽히는 놈이야. 저놈을 형장에 끌고 가 목을 쳐라!"

홍계관은 형리에게 넘겨져 형장으로 끌려갔어. 그는 형장에서 자신의 운수를 점쳐 보았어. 그랬더니 한 시간만 잘 버티면 목숨을 건진다는 점괘가 나왔지. 그래서 홍계관은 형리에게 부탁했어.

"형 집행을 한 시간만 늦춰 주시오."

"그럽시다."

형리는 홍계관의 부탁을 선선히 들어주었어.

한편, 명종은 홍계관을 형장으로 보내 놓고 생각에 잠겼어.

'홍계관은 왜 쥐가 한 마리 지나갔는데 세 마리라고 했을까? 혹시 새끼를 밴 쥐가 아닐까?'

명종은 신하를 불러 쥐를 잡아오게 한 뒤 배를 갈라 보았어. 그러자 뱃속에 새끼 쥐 두 마리가 있었어.

'이크, 내가 큰 실수를 했구나.'

임금은 다급하게 말했어.

"빨리 형장으로 가 형 집행을 중지시켜라."

신하는 임금의 명을 받고 형장을 향해 급히 말을 달렸어. 고갯마루에 이르러 보니 저만치 형장이 보였어. 신하는 형장에 있는 형리를 향해 큰 소리로 외쳤어.

"형 집행을 중지하라!"

형리는 달려오는 신하를 보았어. 그러나 거리가 멀어 그가 외치는 소리가 들리지 않았지. 신하는 형 집행을 중지하라고 손을 저었어. 그런데 형리는 그것을 잘못 알아들었어.

'빨리 처형하라고 재촉하는구나.'

이렇게 판단한 형리는 얼른 홍계관의 목을 베어 버렸어.

신하가 돌아와 처형 소식을 전하자, 임금은 탄식했어.

"아차, 이미 늦었구나!"

이때부터 형장이 있던 고개, 즉 서울시 용산구 원효로 2가 문배산 기슭에 있는 '당고개(堂峴)'를 '아차고개'라고 불렀어.

점쟁이는 남의 운수를 점쳐 주는 일을 직업으로 하는 사람이야. 옛날에는 무당이 점을 보았는데, 이들의 점을 '신점'이라고 해. 무당은 신이 내린 사람이라고 생각했고, 그가 신이 인간에게 전하려는 말을 대신 전한다고 생각했기 때문이야.

고대 사람들은 자신의 앞날을 미리 알고 싶어 했어. 나쁜 일이 생길 것 같으면 막으려고 점치기를 했던 것이지.

특히 신의 뜻에 거스르는 행동을 하면 벌을 받는다고 생각했어. 신으로부터 벌을 받지 않으려면 우선 신의 뜻을 알아야 하기에 점을 보았지. 따라서 점은 인류의 역사와 함께 시작되었단다.

우리나라에서는 고대에 국가의 운명을 점치는 점쟁이가 관청에 소속되어 있었어. 고구려에서는 사무, 백제에서는 일자, 신라에서는 일관 등으로 불리었어. 고려에서는 점복을 맡은 관청인 태복감이 있었어. 그리고 민간의 점쟁이 가운데 관원을 뽑아 복박사·복정이라고 불렀지. 조선 시대에는 관상감에 점복을 관장하는 음양과를 두어 맹인 점쟁이들을 참봉·봉사로 임명했어. 이들은 용한 점쟁이라고 중국에까지 소문이 났다고 해.

오랜 옛날부터 우리나라에서 행해진 점에는 여러 종류가 있어.

첫째는 자연 관상점이야. 해·달·구름 등 자연현상의 변화를 관찰하여 그것을 통해 앞으로 일어날 일을 점치는 방법이지. 이를테면 설날에 북풍이 불면 풍년, 남풍이 불면 흉년이 든다고 했어.

둘째는 동물점과 식물점이야. 동물점은 동물을 통해, 식물점은 식물을 통해 점치는 방법이야. 봄에 노랑나비를 보면 운수가 좋고, 흰나비를 보면 부모님이 돌아가실 징조라 여기든가, 입춘날 보리뿌리를 캐어 그해 농사가 풍년인지 흉년인지 점치는 것 등이 여기에 속해.

셋째는 해몽점이야. 꿈의 내용을 통해서 앞으로 일어날 일이나 사람의 운명을 점치는 방법이야. 호랑이가 사람을 물거나 두루미를 품에 안는 꿈을 꾸면 아들을 낳게 된다고 믿었어.

넷째는 관상점이야. 사람의 용모와 신체상의 특징을 보아 그 사람의 성격·운명·심성 등을 판단하는 방법이야.

다섯째는 작괘점이야. 음양오행이나 수리를 바탕으로 괘를 만들어 점을 치는 방법이야. 육효점·사주점·오행점·산통점·윷점 등이 여기에 속해.

여섯째는 신점이야. 무당 등 신이 내린 사람이 점을 치는 방법이야. 그의 몸에 신령이 들어와 점을 치는 경우와, 쌀·엽전·방울 등 기물을 통해 신령의 의사를 파악하여 앞날을 예측하는 경우가 있어.

일곱째는 인사점이야. 일상생활 중에 우연히 생긴 일을 통해 점을 치는 방법이야. 이른 아침에 여인을 만나면 그날은 재수가 없다고 믿는 식이지.

여덟째는 인위점이야. 자연현상이나 주력을 통해서가 아니라, 의도적으로 어떤 일을 행하여 그 결과로 미래를 점치는 방법이야. 줄다리기·쥐불놀이·차전놀이 등을 하여 승부의 결과로 풍년과 흉년을 점치는 것이 여기에 속해.

연희를 팔아서 먹고사는 천민, 광대

1505년(연산군 11년) 12월 29일 궁궐에서 나례회가 열렸을 때의 일이야.

나례회는 해마다 음력 12월 동지에 행하는, 귀신을 쫓는 의식이야. 이 의식에 참여한 광대들은 귀신들이 무서워하는 가면을 쓴 채 타악기를 두드리며 광대놀음을 했지.

나례회에서 가장 볼 만한 장면은 광대 한 사람이 왕 앞에서 연기하는 한 편의 연극이었어. 조선 전기에는 광대가 사회적으로 문제를 삼을 만한 이야기를 연극으로 꾸며 왕에게 보여 주었단다. 그러면 왕은 이 공연을 통해 백성들의 민심을 파악할 수 있었지.

그날 연산군 앞에서 공연을 한 사람은 '공길'이라는 광대였어. 공길은 2005년 1천만 명이 넘는 관객을 불러 모은 영화 〈왕의 남자〉의 주인공이기도 하지. 그는 연극에서 늙은 선비 역할을 하며 연산군을 향해 이렇게 소리쳤어.

"전하는 요순 같은 임금이요, 나는 고요 같은 신하입니다. 요순은 언제나 있는 것이 아니지만, 고요는 항상 있는 것입니다. ……임금은 임금다워야 하고 신하는 신하다워야 하며, 아비는 아비다워야 하고 자식은 자식다워야 합니다. 임금이 임금답지 못하고 신하가 신하답지 못하면, 비록 곡식이 창고에 가득한들 내 어찌 먹을 수 있겠습니까?"

임금이 임금답지
못하고
신하가 신하답지
...

연산군은 공길의 말을 듣고 분하여 어쩔 줄을 몰라했어.

"뭐, 뭐라고? 내가 임금답지 못하다고? 네놈이 감히 나를 능멸해?"

연산군은 길길이 뛰며 공길에게 매질을 했어. 그러고는 귀양을 보내 버렸지.

그래도 화가 풀리지 않아 신하들에게 이렇게 말했지.

"광대들의 놀음은 볼 만한 것이 하나도 없다. 광대들이 한양에서 떼 지어 모이면 물건을 훔치는 도둑이 된다. 따라서 그들을 동원하여 벌이는 나례회를 앞으로 열지 말라."

연산군의 명령으로 나례회는 중단되었지만, 중종반정으로 연산군이 쫓겨난 뒤에는 다시 부활했단다.

우리나라에서는 옛날부터 연희(말과 동작으로 여러 사람 앞에서 재주를 부림)를 팔아서 먹고사는 천민을 '광대'라고 불렀어. 고려 시대에는 광대가 '가면을 쓰고 노는 사람'을 뜻했지. 그런데 조선 시대에 와서는 광대가 가면극·인형극·줄타기·땅재주·판소리·춤 등의 연희를 업으로 하는 사람을 칭하는 말이 되었단다.

광대는 궁중의 나례회나 중국 사신을 맞이하는 일, 국왕 행차나 장례 행렬, 과거 급제자의 행사에서 공연을 했어.

조선 시대에는 광대를 '재인(才人)'이라고도 불렀는데, 조선 정부는 경기도·충청도·전라도에 '재인청'이라는 관청을 두었어. 그러고는 재인청에 소속된 광대들을 국가 행사에 동원시켰지.

광대들은 광대촌에 모여 살았단다. 이들은 이곳에서 연희 연습을 하며 농사를 짓거나 장사를 했어. 광대들은 천민의 신분이었지만 지배 계층의 여러 행사에 동원되어 생계를 꾸려갔지.

그런데 조선 후기에는 사당패·광대패·남사당패 등의 유랑 광대들이 있었어. 사당패는 남자인 거사와 여자인 사당이 짝을 이루어, 4~6명이 한 패를 이룬 유랑 집단이야. 광대패는 재인청 출신의 무부(巫夫), 즉 무당의 남편들이 광대로 나서 판소리·곡예·검무·가면춤·꼭두각시놀이·가곡 등의 공연을 하는 무리야. 그리고 남사당패는 40~50명의 남자들로만 구성되어 전국을 순회하는 유랑 집단이란다. 이 유랑 광대들은 전국 방방곡곡을 돌아다니며 연희를 펼쳤어. 정약용의 〈목민심서〉에 의하면, 광대들은 봄·여름이면 고기잡이를 좇아 어촌으로 모여들고, 가을·겨울이면 추수를 바라고 농촌으로 가서 공연을 했다는구나.

조선말에 판소리가 유행하면서 '광대'라고 하면 판소리를 업으로 하는 사람을 가리키는 말이 되었어. 판소리를 하는 광대는 창을 하는 '소릿광대', 아니리와 재담을 하는 '아니리 광대', 용모와 발림 등을 위주로 하는 '화초 광대' 등으로 나눌 수 있어. 그중에서 소릿광대를 으뜸으로 여기고 화초광대를 가장 낮게 보았지.

보통 '종'이라 불렀던 최하층 신분, 노비

임진왜란 때 이름난 장수였던 유극량이 무과에 급제하여 대장이 되었을 때의 일이야. 어머니는 유극량을 조용히 불러 이렇게 말했어.

"애야, 너한테 고백할 것이 있다. 내가 사실은 재상인 홍섬 대감 댁 여종이었단다. 실수로 옥 술잔을 깨뜨렸다가 야단맞을 것이 두려워 그 집에서 달아났지. 한동안 숨어 살다가 양반집 자제인 네 아버지를 만나 결혼하여 너를 낳았던 거야."

어머니는 유극량이 어른이 될 때까지 숨겨 왔던 과거의 비밀을 털어놓고는 눈물을 펑펑 흘렸어. 유극량은 어머니의 고백을 듣고 하늘이 무너지는 듯한 충격을 받았어. 당시는 엄격한 신분제 사회였기 때문에 아버지가 양민이고 어머니가 노비이면 그 자식은 어머니를 따라 노비가 되었어. 어머니가 양민이고 아버지가 노비인 경우에도 마찬가지였어. 한번 노비가

되면 그 후손들도 대대로 노비가 되어야 했으니까. 어머니가 노비이고 아버지가 양반이라 해도 그 아들은 아버지를 아버지라 부르지 못했어. 그리고 벼슬살이도 못 하고 평생 천대를 받으며 살아야 했지.

유극량은 곧바로 홍섬을 찾아가 자기 출신의 비밀을 털어놓고, 대장 벼슬에서 물러나겠다고 말했어. 벼슬살이를 할 자격이 없다고 하면서 말이야. 그러자 말없이 듣고 있던 홍섬은 뜻밖에도 이런 말을 하는 거야.

"자네가 잘못 알고 찾아왔네. 우리 집에는 자네 어머니 같은 여종이 없었다네."

노비 (奴婢)

그러고는 유극량을 돌려보낸 뒤 유극량 어머니의 종 문서를 불태워 없앴단다.

크게 감동을 받은 유극량은 평생 홍섬을 주인처럼 섬겼다고 해.

조선 시대에 노비는 흔히 '종'이라고 불리었어. 가장 밑바닥 계층인 천민으로서, 남자 종인 '노(奴)', 여자 종인 '비(婢)'가 합쳐져 노비라고 일컬어졌지. 노비는 관청에 속한 공노비와 개인 집에 속한 사노비로 나뉘고, 사노비는 주인과 함께 사는 솔거노비와 주인과 떨어져 사는 외거노비로 나뉘었어.

외거노비는 평민처럼 자유롭게 살아갈 수 있어, 그중에는 엄청난 재산을 가진 노비도 있었단다. 또 재산의 일부를 흉년 때 나라에 바쳐 양민이 된 경우도 있었지. 그 대표적인 사람이 성종 때 충청도 진천 땅에 살았던 사노비 임복이야. 그는 곡식 1만 석을 소유한, 지금으로 치면 재벌 노비였어. 그런데 큰 흉년이 들자 곡식 2천 석을 나라에 선뜻 바친 거야.

성종이 보기에 이 사람이 얼마나 기특하겠어. 천한 종의 신분으로 이처럼 많은 곡식을 어려운 백성들을 위해 내놓았으니 말이야. 그래서 성종은 임복을 대궐로 불러 물었지.

"네 소원이 무엇이냐? 다 들어줄 테니 말해 보아라."

"제게는 아들 넷이 있습니다. 아들들을 양민으로 만드는 것이 소원입니다."

성종은 임복의 소원을 들어주려고 했어. 그러자 조정 대신들이 반대하고 나서는 거야.

"곡식을 바쳐 양민으로 만들어 준다면, 너도나도 주인을 배신하고 곡식을 바쳐 양민이 되려 할 것입니다. 그렇게 되면 신분 제도가 무너지게 됩니다."

그러나 성종은 대신들의 말을 듣지 않았어.

"임복은 양반도 하지 못한 아름다운 선행을 한 사람이오. 그러니 당연히 상을 주어야 하지 않겠소."

성종은 임복이 곡식 1천 석을 또 바치자, 임복의 네 아들은 물론 임복까지 양민으로 만들어 주었단다.

그 뒤 전라도 남평의 사노비 가동이 곡식 2천 석을 바쳐 양민으로 만들어 달라고 청했지만, 성종은 이를 받아들이지 않았다고 해. 신분 제도가 무너지지 않을까 걱정되었기 때문이지. 조선 초기에는 이처럼 신분의 벽이 높았단다.

그러나 국가 재정이 어려워진 조선 중기부터는 누구나 곡식을 내놓고 노비의 신분을 면하게 되었다고 해.

외거노비가 재산을 모을 수 있었던 것은, 주인의 땅을 빌려 농사를 지으면서 일정량의 농산물을 바치고 나머지 수확물을 자신이 차지할 수 있었기 때문이야.

독립하여 농사를 지으며 사는 외거노비에 비해, 주인과 함께 사는 솔거노비는 비참한 신세였어. 주인집 행랑채에 얹혀살거나 옆집에 살면서, 주인의 땅에서 농사를 지으며 온갖 집안일을 도맡아 했거든. 사람이라기보다는 가축 같은 대우를 받아 주인에게 심한 매를 맞거나 죽임을 당하는 경우도 있었어.

개인 집에 속한 사노비에 비해 관청에 속한 공노비는 상대적으로 대우가 좋았지. 이들은 국법에 의해 보호를 받아, 나라에서 다달이 봉급을 받았어. 조선 초에는 저화로 월급을 주었으며, 세종 때부터는 쌀로 월급을 주었단다. 조선 시대 법전인 〈경국대전〉에는 관청에서 일하는 여자 노비가 아기를 낳으면 출산 전에 30일, 출산 후에 50일 휴가를 주도록 했어. 그 남편에게도 출산 후에 15일 휴가를 주었지. 뿐만 아니라 한양에서 일하는 공노비에게는 고향을 다녀올 수 있게 휴가를 주기도 했단다.

하지만 노비는 땅, 집과 더불어 중요한 재산으로 취급되어 양반들끼리 사고팔고 자식들에게 나누어 주었지.

〈조선왕조실록〉 1398년 7월 6일 자에 "노비의 값은 아무리 비싸도 오승포 150필에 불과한데, 말 한 필 값은 오승포 4, 5백 필에 이릅니다."라는 기록이 있어. 조선 초에는 노비의 값이 말보다 못하다는 것을 알 수 있지.

임진왜란, 병자호란 때에는 노비의 값이 형편없이 떨어져, 소나 말 한 마리와 노비 열 명을 맞바꾸었어. 그러다가 동학혁명 때는 노비의 값이 올라 소 한 마리에 노비 다섯 명을 맞바꾸었어. 노비도 사람인데 소와 말처럼 사고팔았다는 것이 끔찍하지? 1894년(고종 31년) 갑오개혁으로 노비 제도가 완전히 폐지됨으로써 이러한 인신매매는 자취를 감추었단다.

배를 부리는 천민, 뱃사공

강가나 냇가 등 배가 건너다니는 곳을 '나루'라고 해. 옛날에는 사람이 직접 건너지 못하는 강이나 깊은 냇물에는 나룻배를 두어 건너다니게 했지.

'나루'라는 말은 사람이나 짐을 실어 나르는 곳이라는 '나르다'라는 말에서 나왔어. 또는 고대 국가가 세워질 때 강가를 중심으로 다른 부족과 교역을 했기에 '나라'라는 말에서 비롯되었다는 설도 있어.

나루는 한자로 표기할 때 '진(津)' 또는 '도(渡)'라고 했어. 그리고 좀 큰 나루는 '포(浦)', 그보다 더 큰 바다 나루는 '항(港)'이라고 했으며, 군대가 머물러 지키는 곳은 '진(鎭)'이라 했단다. 그러나 강인 경우에는 그냥 '나루'라고 불렀지.

조선 시대에 육상 교통로와 이어지는 하천 연변에는 나루가 설치되어 있었어. 중요한 나루에는 이를 관리하는 관원들을 두었지. 예를 들면 경강(한강)의 '한강도' 나루의 경우 책임 관원인 도승 1인과 나룻배인 관선 15척과 사선을 두어, 도성 출입을 살피고 강물의 깊이를 측정하며 관리하게 했어.

조선 시대에 나루터를 오가며 사람이나 짐을 나르는 나룻배를 '진선' 또는 '도선'이라고 불렀어. 이 배는 관선과 사선으로 나뉘는데, 관선은 나라에 소속된 배이고 사선은 개인이 장만한 배야. 나루터를 이용하는 사람들은 관선의 경우 돈을 내지 않았지만, 사선은 뱃사공이 돈을 받고 강을 건너다 주었어. 큰 나루에는 관선 외에 사선을 두었단다.

나라에서 관리하는 나루에는 '진부'라고 불리는 뱃사공이 있었어. 진부는 작은 나루에는 네 명, 중간 정도의 나루에는 여섯 명, 큰 나루에는 열 명 이상 두었지. 이들에게는 나라에서 토지를 지급하여 그 수입으로 살아가게 했단다.

강을 낀 마을에서는 나룻배가 꼭 필요했어. 그래서 마을에서는 공동으로 배를 마련하여 뱃사공을 따로 두었어. 뱃사공에게는 봄·가을에 곡식을 거두어서 주었지. 뱃사공은 천민으로 대대로 그 일을 물려받았단다.

뱃사공은 한밤중에라도 양반이 강을 건넌다고 하면 서둘러 배를 대령해야 했어. 조금이라도 늦으면 난리가 났지. 현종 때 왕의 종친 몇 사람이 궁노를 거느린 채 한강을 건너 사냥을 떠난 적이 있었어. 그들은 사냥을 마치고 동작 나루로 돌아왔는데, 강을 건널 배를 얼른 대령하지 않았다고 사공을 마구 두들겨 팼단다.

구한말에 우리나라를 찾은 서양 사람들에게는 뱃사공이 부리는 배를 탄 것이 인상적이었던 모양이야. 1885년 한강에서 나룻배를 탄 어느 서양 사람은 다음과 같은 기록을 남겼어.

'우리 일행이 강가 나루터에 이르자 나룻배가 기다리고 있었다. 나룻배에는 저마다 등에 갖가지 짐을 짊어진 조선 사람 24명과 커다란 황소 한 마리가 타고 있었다. 우리 일행은 조랑말 세 마리와 마부들까지 있었지만, 나룻배가 워낙 컸기에 충분히 탈 수 있었다.'

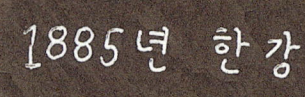

1885년 한강

오 마이 갓!!

나룻배는 튼튼하게 만들어졌지만 많은 사람들을 태우고 짐을 싣는 경우에는 뒤집히는 사고가 일어나곤 했지. 1718년(숙종 44년)에는 과거 시험을 치르고 고향으로 돌아가던 선비들이 한강 나루에서 배를 탔다가 뒤집히는 바람에 80명이나 물에 빠져 죽었단다.

우리나라에 여러 교회를 세웠던 언더우드 선교사도 1897년 장마 때 한강에서 나룻배가 뒤집혀, 승객 30명과 뱃사공 2명, 그리고 소 2마리가 물에 빠져 죽었다는 기록을 남기기도 했지.

잔치나 술자리에서 노래, 춤 등으로 흥을 돋우는 기생

기생은 잔치나 술자리에서 노래와 춤, 악기 연주로 흥을 돋우는 일을 하던 젊은 여성이야. 노비와 마찬가지로 '기적'에 오르면 평생 천민이라는 신분에서 벗어날 수 없었지. 기생과 양반 사이에서 태어났어도 아들은 노비, 딸은 기생이 될 수밖에 없었단다.

기생은 천민이면서도 주로 양반을 상대했기에 노래·춤·시·서화·악기 연주 등에 능한 예인이었어. 말씨나 행동이 고상하고 학문에도 조예가 있어 교양 있는 지식인으로 대접을 받았지.

기생은 '말을 할 줄 아는 꽃'이라 하여 '해어화(解語花)', 혹은 '화류계 여자'라고도 불리었어.

조선 중기 실학자 성호 이익은 〈성호사설〉에서 기생은 고려 시대에 '양수척' 때문에 생겼다고 했어. 양수척은 백제 유기장의 후예로서 버드나무로 소쿠리·키 등을 만들어 팔며 떠돌이 생활을 했어. 그런데 고려 중기 무신 정권의 최고 지도자였던 이의민이 이들을 붙잡아 남자는 '노(奴)'를 삼고 여자는 기적을 만들어 '기(妓)'를 삼았다는 거야. 관청에서 기녀로 하여금 노래와 춤을 익히게 하여 기생이 생겨난 거지.

청산리 벽계수야~

말을 할 줄 아는 꽃
해어화(解語花)

고려 시대와 조선 시대에 기생은 '관기'라고 하여 관청에 속해 있었어. 태조 이성계가 조선의 도읍을 개경에서 한양으로 옮길 때 많은 관기가 따라왔다고 해.

옛날에 기생은 나라에서 관리, 감독했어. 조선 시대에 기생이 되려면 어린 나이에 '장악원'이란 관청에 들어가 몇 년 동안 교육과 훈련을 받아야 했어. 교육은 은퇴한 기생인 퇴기들이 주로 맡아, 노래·춤·악기 연주·시 등을 가르쳤지.

기생은 관가에 등록된 관기로서 15세에 성인식을 치르고 업무를 시작했어. 궁궐·관청 등에서 열리는 잔치에서 노래와 춤을 맡거나, 민간에서 벌이는 술자리에도 참여했어. 기생은 50세가 정년이지만, 보통 20대 중반이 되면 '노기'로 취급받았단다.

조선 시대에 기생으로 이름난 곳은 서울·평양·해주·함흥·진주·전주·경주·강계·성천 등이야. 그중에서도 서울 기생과 강릉 기생은 「관동별곡」을 잘 불렀고, 평양 기생은 정조 때 시인인 신광수의 「등악양루탄관산융마시」를 잘 읊었어. 그리고 영흥 기생은 「용비어천가」, 함흥 기생은 〈삼국지〉의 「출사표」를 즐겨 불렀으며, 안동 기생은 〈대학〉을 잘 외웠어.

역사에 기록된 유명한 기생으로는 시가에 능한 명기 황진이·이매창·송이·소춘풍, 절개를 지킨 의기 논개·계월향 등이 있단다.

일제 강점기에 들어와서는 1909년 관기 제도가 폐지되자 기생 조합이 생겨났어. 기생들은 기생 조합에 소속되어 요릿집에서 부르면 가서 손님을 접대했지.

기생 조합은 1914년 그 이름이 일본식인 '권번'으로 바뀌었어. 권번에서는 기생들에게 노래와 춤을 가르치고 요릿집 출입을 도왔어. 권번은 날마다 요릿집에 기생 명단인 '초일기'를 보내 손님들이 기생을 부를 수 있게 했지. 일류 명기를 부르려면 일주일 전에 예약해야 했단다.

요릿집에 손님이 오면 초일기를 갖다 줘 기생을 지명하게 했어. 손님이 기생을 지명하면 종업원은 권번에 전화를 걸어 그 기생을 불러 달라고 했어. 그러면 권번에서는 인력거를 기생집에 보내어 요릿집으로 데려가게 했지.

그러니 기생들은 늘 인력거를 타고 다녔어.

인력거꾼들은 기생이 수입이 좋다는 것을 알았어. 그래서 자기 딸을 권번으로 보내 기생으로 만든 사람들도 많았다고 해. 그러다 보니 인력거꾼은 손님인 기생에게 존댓말을 쓰지 않고, 기생은 인력거꾼을 정중히 대하며 아버지라고 불렀다는구나.

포졸들도 두려워한 한양 거지

성호 이익의 〈성호사설〉에는 이런 이야기가 실려 있어.

어느 해 겨울날 저녁, 이익은 한양 거리를 걸어가고 있었어. 그날은 날씨가 몹시 추웠지. 몸을 움츠린 채 잰걸음으로 가는데, 앞 못 보는 거지 한 사람이 낡고 해진 옷을 입은 채 남의 집 대문 앞에 앉아서 이렇게 통곡하고 있는 거야.

"아, 죽고 싶다, 죽고 싶어!"

이익은 거지의 통곡을 듣고 가슴이 찢어지는 듯 아팠어. 거지는 죽고 싶어도 죽을 수 없는 자신의 비참한 처지를 한탄하고 있었거든.

이익은 30년이 지난 뒤에도 거지의 절규를 잊지 못했어. 거지의 절망적인 모습이 눈에서 지워지지 않았지. 그는 거지만 생각하면 눈물이 쏟아지려 한다고 털어놓았단다.

거지는 삼국 시대부터 있었어. 고구려 제15대 미천왕인 을불은 자기를 죽이려는 봉상왕(고구려 제14대 왕)을 피해 떠돌이 생활을 할 때 거지가 되어 동냥을 하며 살았지. 또한 〈삼국사기〉에는 도미 부부가 백제 개루왕의 학대를 피해 고구려로 달아났을 때 거지 노릇을 하며 떠돌이 생활을 했음이 나타나 있어. "고구려 사람들이 도미 부부를 가엾게 여겨 옷과 밥을 주었다."라고 기록되어 있거든. 을불과 도미 부부의 경우를 보더라도 거지가 우리나라에서 얼마나 오래전부터 있어 왔는지 알 수 있겠지?

조선 시대에도 물론 거지가 있었어. 이익이 목격했던 거지, 그중에서도 한양 거지들은 집단을 이루며 살았어. 조선 시대 한양 거지 떼의 움집은 주로 종로 거리의 광교에서 태평로 사이에 있는 청계천 여러 다리 밑에 있었지. 거지들은 바닥에 거적을 깐 뒤 가마니를 덮고 잤어. 이들은 아침저녁으로 동냥을 했어.

조선 후기에는 해마다 한겨울이 되면 임금이 청계천 다리 밑으로 신하를 보내 거지들을 위로했다고 해. 호조에 명하여 거지들에게 쌀과 옷을 나누어 주기도 했지.

성종 때부터 한양에서는 거지를 '땅꾼'이라고 불렀어. 지금의 을지로 6가에는 청계천 준설 공사를 할 때 파낸 모래가 산더미처럼 쌓여 있었는데, 가짜 산이라 해서 '가산'이라고 했어. 그런데 거지들이 이 가산에 움집을 파서 '땅꾼'이라는 이름을 얻은 거야.

가산에는 수백 명의 거지들이 모여 살았기 때문에 포졸들은 이들을 두려워하여 함부로 건드리지 못했어. 그 대신 이들로 하여금 내의원, 혜민서 등에서 약으로 필요한 뱀, 지네, 두꺼비, 고슴도치, 두더지 따위를 잡아 바치게 하거나, 부자·고관들의 잔치나 장례 때 궂은일을 맡겨 생계를 이어 가도록 했어.

조선 시대에 궁궐의 내의원이나 전의감·혜민서 등에서는 약으로 쓸 동물들을 잡아 올리라고 포도청에 수시로 협조를 구했다는구나. 그러면 포도청에서는 가산 거지들에게 돈을 주고 그 일을 맡겼지. 거지들은 포도청의 주문에 맞추려고 뱀·지네·두더지 등을 미리 잡아다가 기르기도 했단다.

가산 거지들은 일 년에 한 번 모임을 열어 우두머리를 뽑았는데, 그를 '꼭지딴'이라고 불렀어. 가산이 한양 거지, 즉 서울 거지들의 총본부라면 꼭지딴은 총 우두머리였지. 꼭지딴은 청계천 각 다리 밑에 사는 거지들의 우두머리, 즉 '수표교 꼭지', '광교 꼭지' 따위의 거지들을 부하로 거느려 서울 거지들을 다스렸단다.

1917년 동대문 초등학교, 1922년 경성사범학교 등을 지을 때 가산의 모래를 퍼다 썼어. 그 바람에 가산이 사라져 버렸지. 삶의 터전을 잃은 꼭지딴과 가산 거지들은 그 뒤 뿔뿔이 흩어졌단다.

한편, 서울에서 추어탕을 처음 끓여 판 것이 거지들이라고 해.

추어탕은 미꾸라지를 끓여 만든 음식이야. 미꾸라지가 잡히는 곳에서는 어디서나 해 먹을 수 있기 때문에, 고기 맛을 보기 어려운 서민들에게는 영양 만점의 좋은 음식이었지.

추어탕은 지역마다 요리 방법이 다르단다. 호남을 대표하는 남원식 추어탕은 미꾸라지를 푹 삶아 뼈는 발라내고 살만 걸러내어 미꾸라지 육수를 만든 뒤, 묵은 된장을 풀어 넣어 끓이지. 그에 비해 서울식 추어탕(서울에서는 추어탕을 '추탕'이라 불렀다)은 미꾸라지를 통째로 넣고 호박과 두부를 썰어 넣어 끓인단다. 또, 강원도를 대표하는 원주식 추어탕은 살아 있는 미꾸라지를 펄펄 끓는 무쇠솥 물에 끓이고, 묵은 고추장을 팍팍 풀어 넣지.

서울식 추어탕을 처음으로 만든 것은 청계천 가산에서 움집을 파고 살던 거지들이라는구나. 이들은 비록 집집마다 돌아다니며 동냥을 할망정 한 가지 원칙을 정해 놓았대. 밥은 빌어먹되 반찬은 빌어먹지 않는다는……. 그래서 반찬으로 청계천에서 미꾸라지를 잡아 탕을 끓여 먹었다는 거야. 이것이 서울식 추어탕의 시초였지.

그런데 추어탕 맛이 기막히게 좋았나 봐. 백성들에게까지 소문이 나서 너도나도 추어탕을 사 먹으려고 청계천 가산으로 몰려든 거야. 이리하여 추어탕집들이 하나 둘 생겨났지.

추어탕집을 차린 것은 대부분 포도청에서 일하던 포졸들이었다는구나. 거지들은 추어탕집에 미꾸라지를 잡아 대주었지.

1930년대에 이르러서는 일반 사람들이 차린 추어탕집이 서울 곳곳에서 문을 열었어. 그리하여 서울식 추어탕은 서울 시민들에게 사랑받는 음식이 되었지.

4차 산업 혁명 시대의 유망 직업

3차원의 입체물을 만들어 내는 3D 프린팅 전문가

2013년 2월 미국의 오바마 대통령은 국정 연설에서 다음과 같이 말했어요.

"3D 프린팅은 세상에 존재하는 모든 제조 방법에 혁명을 가져올 것이다."

오바마 대통령의 이런 발언은 많은 사람들의 관심을 불러일으켰는데, '3D 프린팅'이란 과연 무엇일까요? 그것은 3D 프린터를 이용하여 마치 일반 프린터가 물감을 종이에 쏘아 활자나 그림을 인쇄하듯이 3차원의 입체물을 만들어 내는 것이에요. 제품의 제조 과정이 아주 간편하여, 3D 프린터만 있으면 몇 시간 만에 제품을 뚝딱 만들어낼 수 있지요.

3D 프린팅 전문가는 3D 프린터를 이용하여 고객의 주문에 따라 미니어처, 액세서리, 일상 용품, 개인 편의 제품, 기계 부품 등을 제작하는 사람이에요. 이들은 '3D 모델링'이라 불리는 설계 과정, 설계된 데이터 값을 입력하는 3D 프린팅 과정, 출력된 제품을 피니싱 하는 과정을 거쳐 제품을 완성한답니다.

3D 프린팅은 제조 방법이 간편하여 신속한 생산이 가능한 데다 값이 싸, 4차 산업 혁명 시대에 제조업의 혁신을 이끌 핵심 기술로 꼽히고 있어요.

3D 프린팅 전문가의 활동 분야는 자동차·우주 항공·로봇·방위 산업·의료·주택 건설·에너지·가전제품·완구·교통·방송·영화사·패션 등 다양한 분야의 기업들이에요.

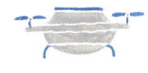

3D 프린팅 전문가가 되려면 미적 감각과 컴퓨터 활용 지식이 필요해요. 특히 컴퓨터그래픽 프로그램 및 장비에 대한 지식과 경험이 필수적이에요.

인간 생명에 도움이 되는 것을 연구하는 생명공학자

생명공학은 생명공학 기술을 이용하여 인간 생명에 도움이 되는 것을 연구하는 학문이에요. 인체·동물·미생물·식물·의약·식품·농업 등 여러 분야에 걸쳐 연구와 실험을 거듭하지요. 그리하여 모든 생명체의 생명 현상을 탐구하고, 인간 생명과 환경을 유지하는데 필요한 새로운 제품과 기술을 개발해요. 그런 모든 일을 하는 사람이 바로 생명공학자예요.

생명공학자는 연구하는 영역이 저마다 달라요. 우수한 품종을 생산하기 위해 복제하거나 동물 형질 전환 기술을 연구하는 가축 실험원이 있어요. 또 농약이 아닌 미생물을 이용하여 농업·환경·식품에 이용할 수 있게 연구하는 미생물 연구원이 있어요. 그리고 인간의 난치병 예방과 치료 기술을 개발하는 인체 연구원, 식물의 조직 배양 기술 등을 연구하여 생산량을 높이는 작물 연구원 등이 있어요.

생명공학은 인류가 당면한 식량난, 질병, 에너지, 환경 문제를 해결하는데 꼭 필요하기 때문에, 생명공학을 연구하는 생명공학자는 인류의 미래를 위해 가장 유망한 직업으로 꼽히고 있어요. 생명공학자가 되면 대부분 정부 기관이나 기업의 연구소 등에서 일해요. 또는 대학 교수가 되어 생명공학을 연구하거나, 벤처 기업, 식품 회사, 화학제품 회사 등에서 일하기도 해요.

생명공학자가 되려면 대학의 생명공학·생물학·미생물학·유전공학·농수산 관련학과 등에서 공부해야 해요. 정부 기관이나 기업의 연구소에 들어가려면 연구 경험이 있어야 하기에 학생 시절 다양한 연구에 참여하는 것이 좋아요. 생명공학자가 되려면 생명을 존중하는 마음과 관찰력, 끈기와 인내가 필요해요. 그리고 연구원이 팀을 이루어 연구하기에 친화력과 리더십도 있어야 해요.

세계의 이색 직업

전 세계에 단 한 명밖에 없는 직업, 자유의 여신상 횃불 관리자

자유의 여신상은 미국 뉴욕 항으로 들어오는 허드슨 강 입구의 리버티 섬에 있는 거대한 여신상이에요. 원래 등대였기 때문에 뉴욕 항을 향하고 있지요.

왼손에는 '1776년 7월 4일'이라고 적힌 독립 선언서를 들고 있고, 오른손에는 횃불을 켜 들고 있어요. 이 여신상의 정식 이름은 '세계를 비추는 자유'인데, 흔히 '자유의 여신상'으로 불리고 있지요.

여신상은 구리로 만들어졌는데, 높이가 약 46미터이고 무게가 무려 225톤이에요. 머리에 쓴 왕관의 뿔 일곱 개는 7개 대륙을 상징하고, 오른손에 든 횃불은 '세계를 비추는 자유의 빛'을 뜻한다고 해요.

자유의 여신상은 1886년 미국 독립 100주년을 기념하여 프랑스가 미국에 선물

한 것이에요. 그리하여 이 여신상은 미국의 관문인 뉴욕에 세워졌고, '자유의 나라' 미국을 상징하는 기념물이 되었지요.

여신상 내부에는 전시실과 엘리베이터가 있는데, 발코니까지 엘리베이터가 올라가요. 발코니에서 전망대인 머리 부분까지는 나선형의 계단이 있어요. 그리고 자유의 여신상 횃불까지는 사다리를 타고 올라가요.

횃불은 진짜 불이 아니라 전기등이에요. 횃불 꼭대기에 200장의 유리창이 4개의 고강도 램프로부터 2천 와트의 빛을 쏟아낸답니다.

자유의 여신상 횃불은 일 년 365일 활활 타올라야 하기에 횃불이 꺼지지 않도록 지키는 사람을 두고 있어요. 이 사람이 전 세계에 한 명밖에 없는 직업에 종사하는 자유의 여신상 횃불 관리자예요. 그는 일주일에 두 번 횃불 꼭대기에 올라가 램프를 점검하고 유리창을 깨끗이 닦는다고 해요.

자유의 여신상 횃불 관리자가 단 한 명뿐이어서, 미국에서는 이 직업을 얻기가 대통령이 되는 것보다 어렵다는 말까지 있답니다.

세계 곳곳에서 성업 중인 '대신 줄 서기'

2017년 미국에서 15세 소년이 화제의 인물이 되었어요. 텍사스 주 오스틴 시에 사는 데즈먼드 롤던으로, '대신 줄 서기' 사업을 벌여 2년 만에 2만 달러(약 2,500만 원)를 벌었거든요. 롤던은 이름난 맛집의 음식을 먹고 싶지만, 줄 서서 기다릴 시간이 없는 어른들을 대신해 줄을 서서 음식을 사다 주는 사업을 했어요.

그가 이런 아이디어를 얻은 것은 여름 방학 일자리에 대해 가족들과 이야기를 나누던 자리에서였어요. 그의 삼촌이 "바비큐 음식점 프랭클린에서 바비큐를 사려면 6시간은 줄 서서 기다려야 한다며? 누군가 나 대신 줄을 서 준다면 기꺼이 돈을 내겠어."라고 말했지요. 롤던은 이 말을 듣고 무릎을 쳤어요. '그래, 바로 그거야. 대신 줄 서기 사업을 한다면 삼촌 같은 고객이 많은 거야.' 롤던의 예상은 그대로 들어맞았어요. 그가 프랭클린 가게에서 대신 줄 서기 사업을 시작하자 고객들의 주문이 줄을 이었어요. 그 뒤 프랭클린이 '대신 줄 서기'를 금하자, 롤던은 또 다른 유명한 바비큐 음식점 '라 바비큐'로 옮겨 사업을 계속했어요.

그는 최대 7시간을 줄 서서 기다린 적이 있는데, 그 지루한 시간을 버티기 위해 친구들을 불러 대화를 하기도 하고 숙제나 전화 통화를 하기도 했대요.

중국에서는 '장위펑'이란 여성이 '대신 줄 서기' 사업자 등록을 하여 사업을 시작했어요. 어느 날 그는 은행에서 번호표를 뽑고 기다리다가 한 남성에게 "30위안을 줄 테니 번호표와 바꾸지 않을래요?"라는 제안을 받고 사업 아이디어를 얻었다고 해요. 장위펑은 사람들이 많이 몰려 오랜 시간 줄 서서 기다려야 하는 은행·병원·마트·공연장·경기장·전시회 등을 집중 공략하여 성공을 거두었어요. '대신 줄 서기' 사업은 2014년 물가가 63퍼센트나 올라 슈퍼에서 물건을 사려면 몇 시간이나 줄 서서 기다려야 하는 베네수엘라에서도 호황을 누리고 있어요. 그리고 우리나라에서도 대행 서비스 전문 업체들을 중심으로 '대신 줄 서기' 사업이 성업 중이랍니다.

제4부

구한말 사람들의 직업 이야기

수레에 사람을 태우고 골목길을 자유자재로 다닌 인력거꾼

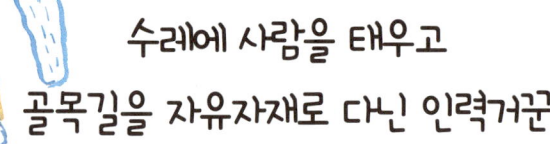

인력거는 한 사람 또는 두 사람을 태우고 사람이 끌었던 수레야. 자전거 바퀴보다 큰 두 바퀴 위에 사람이 타는 자리를 만들고 그 위에 포장을 씌워 만들었어. 봄·여름에는 포장을 젖히고 다니고, 비가 내리거나 바람이 심하게 불면 씌웠어. 처음에는 철테 바퀴여서 매우 흔들렸으나, 뒤에 통고무바퀴·타이어 등으로 바뀌었어.

인력거는 1869년쯤 다카야마 고스케라는 일본인이 서양 마차를 본떠 처음으로 만들었어. 좁은 골목길을 자유자재로 다닐 수 있고

누구나 쉽게 이용할 수 있어 일본에서는 선풍적인 인기를 끌었어. 인력거는 1885년 영국·프랑스 등 유럽으로 수출되었으며, 아시아·아프리카 등 세계 각지로 퍼져 나갔어.

인력거가 우리나라에 들어온 것은 1894년 청일전쟁 이후야. 일본인 하나야마가 인력거 10대를 들여와 서울 영락정(지금의 중구 저동)에 가게를 차리고 영업을 시작했어. 주로 서울 시내 및 서울과 인천 사이를 운행했지.

인력거는 사람의 힘으로 끈다고 하여 우리나라에서는 '완차(腕車)' 또는 '만차(挽車)'라고도 불리었어.

인력거꾼은 처음에는 모두 일본인이었어. 이들은 짧은 두루마기 같은 윗도리인 합비를 입고 홀쭉한 홀태바지를 입었으며, 검정 모자를 쓰고 일본 짚신 또는 일본 버선 고무 다비를 신었어. 그 뒤 인력거가 늘어나면서 인력거꾼은 한국인으로 바뀌었어. 물 배달을 다니던 한강 물꾼이나 가마꾼, 그리고 농촌에서 올라온 농부들이 인력거꾼이 되었단다.

인력거꾼은 사회적으로 천대받는 직업이었어. 승객들에게 업신여김을 당했으며, 열심히 일해도 가난을 면치 못했어. 인력거 삯으로 받은 돈을 업주와 나눠야 했기 때문이야. 한국인 업주의 경우에는 5대 5로 나누어야 했기에 인력거꾼은 손에 쥐는 돈이 별로 없었어. 게다가 비싼 인력거를 도둑맞는 날에는 물어 주느라 거리에 나앉기도 했어.

초기에는 인력거를 이용하는 승객이 대부분 일본인이었어. 그러다가 점차 한국인들도 많이 이용하게 되었지.

인력거는 조선의 고위 관리들에게 환영을 받았어. 이들은 가마를 버리고 인력거를 타고 다녔어. 1909년 12월 22일 총리대신 이완용이 인력거를 타고 명동 성당에 다녀오다가 이재명 의사에게 칼을 맞아 죽을 뻔한 사건이 있었어. 이것을 보더라도 구한말 조선의 고위 관리들이 인력거를 주로 타고 다녔음을 알 수 있어. 고위 관리를 경호하는 순검은, 인력거가 빨리 달리면 같이 뛰느라 곤욕을 치렀다고 해.

인력거는 고위 관리들뿐 아니라 왕진을 가는 의사도 자주 이용했어. 그

때는 환자의 집에서 인력거 삯을 지불했지.

인력거는 기생들이 단골로 이용했어. 그리고 기차 승객들도 많이 이용했지. 인력거꾼들이 지리에 밝기 때문에 기차 승객들이 인력거를 타면 목적지까지 쉽게 찾아갈 수 있었거든.

인력거는 자가용과 영업용이 있었어. 부자들은 비싼 돈을 주고 인력거를 사서 인력거꾼을 두고, 자기들의 출퇴근용이나 자녀의 통학용으로 이용했어. 이것이 자가용 인력거야. 영업용 인력거를 운행하려면 인력거 조합에 가입해야 했어. 당시에는 요즘의 콜택시처럼 손님이 인력거 조합에 연락해 인력거를 이용했거든.

자동차가 도입되기 전에는 인력거가 최고의 교통수단이었어. 1911년 말 전국의 인력거가 1,217대였는데, 자동차는 겨우 2대뿐이었어. 그 뒤에도 인력거는 점점 늘어나 1923년에는 4,647대나 되었으며, 서울에서만 1,816대가 운행되었어.

그러나 1920년대부터 버스와 택시가 대중교통수단이 되면서 인력거는 사양길로 접어들었어. 1931년에 자동차가 4,331대로 늘어난 반면, 인력거는 2,631대로 줄어들었어. 그리고 점점 자동차와의 경쟁에 밀려 8·15 광복 후에는 서울에서 인력거가 거의 자취를 감추었단다.

도포 자락 휘날리며 긴 담뱃대를 물고 다닌 최초의 집배원, 체전부

우리나라에서 우편 제도가 시작된 것은 1884년 4월 23일 우정총국이 문을 열면서야.

우정총국 총판에 임명된 홍영식은 우편 제도에 관심이 많은 개화파 젊은이였어. 그는 수신사·신사 유람단의 일행으로 일본, 한미 통상 조약에 따라 보행사 민영익의 부사로 미국에 갔다가 우편 사업의 필요성을 느끼고 돌아왔어. 그리하여 고종에게 건의하여 우편 업무를 시작했지.

홍영식은 1884년 11월 18일 우리나라 최초의 우표도 발행했어. 5문·10문·25문·50문·100문 등 5종의 문(푼) 단위 우표였어.

그러나 우편 업무는 김옥균·홍영식 등의 개화파가 1884년 12월 4일 일으킨 갑신정변의 실패로 우정총국이 폐지되면서 중단되고 말았어.

우편 제도가 부활한 것은 10년쯤 지난 뒤인 1895년 6월 1일이었어. 서울과 인천에 우체사를 두어 우편 업무를 다시 시작했어. 그해 8월에는 개성과 수원에 우체사가 문을 열었으며, 1899년에 각 군·읍에까지 확대되어 이듬해에는 나라 안에 우체 시설이 400개 가까이 될 만큼 전국의 우편망을 갖추게 되었어. 또한 1900년에는 UN 산하 국제기구인 만국 우편 연합에 가입하여 국제 우편도 시작했어.

날이 갈수록 편리한 우편 발송에 사람들이 익숙해지면서 우편 발송 물량은 크게 늘었어. 일제 강점기인 1910~1930년대까지 서너 배 이상 늘어, 1924년부터는 우편 사업이 흑자를 기록했지.

8·15 광복 뒤 대한민국 정부가 수립되어 우체국의 1면 1국 설치 정책을 펼쳤어. 그리하여 우편 사업은 비약적인 발전을 거듭했으며, 오늘날에는 우체국이 우편 업무에서 은행·보험·물류까지 업무가 확대되어 서비스의 다양화를 추구하고 있단다.

우체사에서는 우편물을 전하는 사람들을 두었어. 이들은 당시에 체전부·우편 군사·체부·벙거지꾼·체 대감 등으로 불리었어. 우편배달부를 '벙거지꾼'이라 부른 것은 이들이 벙거지 같은 모자를 쓰고 다녔기 때문이야. 이들이 지나가면 아이들이 졸졸 따라다니며 벙거지꾼이라고 놀려댔지.

'체 대감'은 사람들이 우편 발송에 익숙해지고 그 편리함을 알게 되면서

동관대궐 앞 좌포도청 행랑 뒤편 세 번째 기와집 서쪽으로 난 대문 김 주사 댁??

우편배달부를 좋아하게 되어 그들을 높여 부른 이름이야. '우편물을 배달해 주는 대감님'이라는 뜻이지. 또는 '체 주사'로 부르기도 했단다.

당시에 체전부는 가죽 우편 배낭을 멘 채 긴 담뱃대를 물고 다녔어. 그리고 짚신 두어 켤레와 점심 도시락인 누룽지 보따리를 차고 다녔지.

체전부는 한 시간에 10리를 걷도록 되어 있었어. 그런데 그들은 우편물 배달이 여간 힘들지 않았어. 당시에는 정확한 주소도 없고 우편 번호도 없었기 때문이야. 편지 봉투에 '동관대궐 앞 좌포도청 행랑 뒤편 세 번째 기와집 서쪽으로 난 대문 김 주사 댁'이라는 식으로 써 놓았으니 물어물어 집을 찾아다녀야 했어. 그러니 배달도 힘들고, 엉뚱한 집에 잘못 배달하기 일쑤였어. 하지만 당시에는 자기 집에 잘못 배달된 우편물이 있으면 불길한 징조라고 여겨 그것을 절대로 돌려주지 않았어. 따라서 체전부가 우편물을 잘못 배달하여 잃어버리면 직장에서 쫓겨났으며, 우편물을 배달하지 못하고 돌아가면 우체사의 상사에게 매를 맞기도 했어. 우체사는 경찰서와 마찬가지로 곤장과 형틀을 갖춰 놓고 있었거든.

체전부는 우편물을 배달하다가 개에게 물리는가 하면, 노상강도를 만나 소포를 털리고 목숨마저 잃기도 했어. 또한 편지를 전하러 양반집에 들어갔다가 봉변을 당하는 경우도 있었어.

《독립신문》 1897년 7월 3일 자에 "벙거지꾼이 양반집 사랑방과 규방까지 들어가 우편물을 전달하려다 봉변을 당했다."는 기사가 실렸어. 본업에 충실하느라 수취인을 일일이 확인하려다가, 종들에게 붙들려 몰매를 맞기 일쑤였지.

그런데 당시에 체전부는 우편물만 전하지 않았어. 들일을 하는 농부에게 점심을 날라다 주거나, 들일을 하는 아기 엄마 대신 우는 아이를 업어 주기도 했어.

우편물과 함께 인정까지 배달하니, 체전부는 체 대감·체 주사 등으로 불리며 사람들의 사랑을 받게 되었지.

집집마다 물지게로 물을 길어 날라 주는 물장수

1868년(고종 5년)의 일이야. 함경남도 북청군 신창읍 토성리에는 김서근이라는 스무 살 청년이 살았어. 어느 날 그는 고향 선비들이 모인 자리에 불려 가게 되었지.

"네게 부탁이 있다. 우리가 곧 과거 시험을 보러 가는데, 우리를 따라 서울에 가지 않겠니? 우리가 서울에 머물며 시험 준비를 하는 동안, 너는 우리들 시중을 들어주면 된다. 수고비는 섭섭지 않게 주마."

"그래요? 서울 구경을 하고 싶었는데 마침 잘 됐네요. 좋아요, 함께 가요."

며칠 뒤 김서근은 고향 선비들을 따라 서울로 올라갔어. 선비들은 집 한 채를 얻어 시험공부를 시작했지. 김서근은 선비들과 같이 살며 그들을 위해 밥도 지어 주고 빨래도 해 주었단다.

'집 근처에 약수터가 있지? 오늘도 물을 길어와야지'

집 근처인 삼청동 뒷산에는 물맛 좋은 약수터가 있었어. 김서근은 물동이를 들고 약수터로 가기 위해 집을 나섰지.

'물맛 좋은 약수를 우리만 맛볼 수 없어. 오늘은 물을 넉넉하게 길어 와서 이웃들과 나눠 마시도록 하자.'

이런 생각을 한 김서근은 약수터에서 물을 넉넉하게 길어 와서 이웃들에게 나눠 주었단다. 그런데 이웃 사람들은 물맛을 보더니 뜻밖에도 김서근에게 이런 부탁을 하는 거야.

"총각, 우리가 물 값을 따로 줄 테니 우리를 위해 약수터 물을 길어다 주지 않겠나? 3일에 한 번 물을 한 동이씩 길어다 주게나."

김서근은 이웃 사람들의 부탁을 거절할 수 없었어. 그래서 다음 날부터 물 값을 받고 이웃 사람들에게 물을 길어다 주었단다.

김서근이 물을 배달해 준다는 소문은 마을에 금세 퍼졌어. 소문을 들은 마을 사람들은 다투어 그에게 물을 주문했단다. 그러자 김서근은 고향 친구들을 서울로 불러들여 본격적으로 물장사를 시작했지. 이것이 바로 '물장수'의 시작이야.

19세기 말에는 양철통 두 개를 지게 양 끝에 매달고 물을 길어 배달했어. 사람들은 물장수들에게 물을 사서 먹었지.

20세기 초에 서울에만 1천여 명의 물장수들이 있었어. 주로 함경도 사람들이 물장수 노릇을 했는데, 함경도 사람들 중에도 북청 사람들이 가장 많아서 '북청 물장수'라는 말까지 생겼다는구나. 시인 김동환은 1924년 〈동아일보〉에 「북청 물장수」라는 시를 발표하기도 했지.

「북청 물장수」가 세상에 널리 알려진 것은, 이귀영의 아들이 경성제대에 수석 합격한 것이 〈조선일보〉에 보도되면서였어. 북청 물장수들은 교육열이 대단해서 힘든 물장사를 하며 자식들의 뒷바라지를 했거든. 북청 물장수들은 장학 사업까지 벌여, 북청 출신인 이준 열사가 이 장학금을 받으며 공부했다는구나.

물장수들은 김동환의 시 「북청 물장수」에 나와 있듯이, 이른 새벽부터 물통을 양쪽 지게에 지고 집집마다 물을 대주었어. 물장수가 늘어나자 물장수 한 사람당 보통 10~30호씩의 단골 가정집에 물을 공급하는 급수 지역을 갖게 되었지. 이 지역은 다른 사람들이 침범하지 못했고, 물장수들끼리 수상 조합을 만들어 자기들의 권리를 지켜 나갔단다.

지방 출신인 물장수들은 '물방'이라는 합숙소에서 잠만 잤어. 식사는 단골 가정집에서 물 값 대신 한 끼씩 얻어먹었지. 밥상을 받으면 반찬 하나 남김없이 깨끗이 먹어치워, 그런 상을 이르는 '물장수 상이다'라는 말까지 생겨났단다.

하지만 물장수들은 1908년 서울에 상수도가 개설되고, 위생상의 문제로 1914년 일제가 수상 조합을 해체하자 내리막길을 걸었어. 특히 수돗물을 운반하는 물꾼들이 많이 생겨, 우물물을 파는 물장수들은 그들에게 밀려나게 되었지. 그래도 물장수는 8·15 광복 전까지는 지방 곳곳에 남아 있었다는구나.

우리나라 최초의 이발사는 왕실 이발사?

이발사가 사람들에게 이발을 해 주기 시작한 것은 1901년이었어. 단발령이 내려진 지 6년쯤 지난 뒤였지.
1895년 11월 13일 대한제국 임시 내부대신 유길준은 다음과 같은 고시를 내렸어.

'머리를 짧게 깎는 것은 위생적이고 활동하기 편하다. 황제 폐하께서는 행정 개혁과 국민 생활의 편리를 위해 머리를 짧게 깎으라는 영을 내리셨다. 대한제국의 모든 국민들은 이 영을 받들어 모셔라.'

유 길 준

상투 튼 긴 머리를 짧게 깎으라는 명령이 바로 '단발령'이야. 11월 15일 고종과 세자가 머리를 자르고, 16일 관리들과 군인들이 머리를 잘랐어. 그리고 17일에는 전국의 모든 국민들에게 머리를 자르라고 했지.

하지만 국민들은 이 명령을 따르려 하지 않았어. 머리카락은 부모에게 물려받은 것이니, 이를 보존하는 것이 효의 시작이라고 생각했거든. 그러

자 정부 관리들은 가위를 들고 거리로 나가 강제로 사람들을 붙잡아 상투를 잘랐지. 이 일로 온 거리는 발칵 뒤집혔어. 상투를 잘린 사람들은 땅을 치며 통곡했지.

강압적인 단발령은 국민들의 반발을 일으켰어. 단발령에 맞서 전국 곳곳에서 의병이 일어났으며, 울분을 못 이겨 스스로 목숨을 끊는 사람들이 수없이 많았단다.

이렇게 심한 반대에 부딪치자 단발령은 취소되었어. 정부는 머리 깎는 것을 강제로 하지 않고 개인 의사에 맡기기로 한 거야.

그런데 머리를 짧게 깎는 것을 모든 국민들이 반대한 것은 아니었어. 위생적이고 활동하기 편하다는 사실을 알아, 스스로 머리를 짧게 깎는 사람들이 점차 늘어나기 시작했거든. 그리하여 이발소가 생겨났어. 1901년 유양호라는 사람이 인사동에 문을 연 동흥 이발소가 우리나라 최초의 이발소야.

유양호는 일본에서 이발기를 사 오고 전기 안마기까지 설치하는 등, 최신식 시설을 갖추었어. 이 이발소에 대한 소문이 금세 퍼져, 서울은 물론 멀리 인천에서까지 손님들이 몰려들었단다.

동흥 이발소를 이용하는 사람들은 주로 가난한 서민들이었어. 양반들은 일본인 이발사를 집으로 불러 이발을 했지만, 서민들은 머리를 짧게 깎고 싶어도 이발을 할 데가 없었어. 게다가 상투가 잘린 사람들은 아랫부분 머리카락이 자꾸 자라 애를 먹고 있었어. 그런 사람들에게는 동흥 이발소는 구세주나 다름없었지.

 단발령의 취소로 다시 상투를 틀려는 사람들도 동흥 이발소를 찾아왔어. 이들은 윗머리가 짧았기 때문에 누군가 상투를 짜 주어야 했거든. 그리고 머리카락을 관리하기 힘들어 머리를 박박 깎고 싶은 사람들도 이발소를 이용했어.

 동흥 이발소가 문을 연 직후, 서울 곳곳에 이발소가 생겼어. 장사가 잘되어 이발사야말로 잘 나가는 신종 직업으로 각광을 받았지.

 우리나라 최초의 이발소를 개업한 사람은 유양호이지만, 우리나라 최초의 이발사는 안종호야. 그는 단발령이 내려진 뒤 왕실 이발사로서 구한말 왕족과 대신들의 머리를 깎아 주었단다.

'영혼을 뺏는 기계'로 사진을 찍는 사진사?

　1860년경 사신으로 중국에 갔던 이의익은 수행원들과 함께 베이징에 있는 사진관을 방문했어. 러시아 사람이 운영하는 사진관이었지. 이의익은 이 사진관에서 자신의 초상 사진을 찍었어. 그리고 이 초상 사진을 가지고 조선으로 돌아왔단다. 이것이 우리나라 최초의 초상 사진이야. 그 뒤에도 사신·역관·해외 시찰단 등이 다른 나라에 가서 사진을 찍어 가지고 귀국했지.

　1871년 신미양요 때는 미국 해병대와 종군 사진반이 강화도에 상륙해 전투 장면을 찍은 적이 있단다. 이때 남긴 사진이 우리나라 최초의 기록 사진이라 할 수 있지.

　하지만 우리나라에서 본격적으로 사진이 들어와 보급되기 시작한 것은 1880년대야. 구한말 개화기의 선구자들이 조선에 사진관을 차렸거든. 당시는 사진관을 '촬영국'이라 불렀어. 1884년 〈한성순보〉 2월 14일 자에는 다음과 같은 기사가 실렸단다.

'지난여름 저동에 사는, 우후(도병마사 밑의 무관직)를 지낸 김용원이 일본인 사진사 혼다 슈노스케를 초빙해서 촬영국을 설치했다. 금년 봄에는 마동에 사는, 외무아문 주사를 지낸 지운영 또한 촬영국을 설치했다. 그는 일본에 가서 사진술을 배워 왔으며, 그 기술이 정교했다.'

김용원·지운영과 함께 촬영국을 세워 초상 사진 시대를 연 사람으로 황철이 있어. 황철은 김용원·지운영과 달리 중국에서 사진술을 배웠으며, 1883년 초에 서울 대안동 자신의 집 사랑채 겸 서재에 촬영국을 세웠어.

그런데 이들 사진관은 1884년 갑신정변이 일어나면서 자취를 감추고 말았어. 수구 세력들이 사진관을 없애고 사진 촬영을 금했거든. 이들은 사진과 관련하여 터무니없는 소문과 유언비어를 퍼뜨렸어. 이를테면 '사진기는 영혼을 뺏는 기계다. 사진을 찍으면 영혼을 빼앗긴다.'느니, '부부가 사진을 찍으면 반드시 사별을 한다.'느니, '어린아이를 납치하여 삶아먹은 뒤, 그 눈알을 뽑아 사진기에 박아 쓴다.'느니 따위였지.

그러나 그런 중에도 1894년 청일전쟁 이후 우리나라에 일본인들이 속속 사진관을 차렸어. 이들은 처음에는 일본인들을 대상으로 했지만 우리나라 왕실이나 귀족, 상류층 등을 고객으로 두게 되었지.

1900년대 들어 우리나라 사람도 다시 사진관을 열었는데, 그가 바로 김규진이야. 그는 대한제국 마지막 황태자인 영친왕의 서화 스승으로, 궁내부 시종원 시종장을 지냈어. 일본에 건너가서 사진술을 배워 황실 전속 사진사가 되었지. 그러다가 1907년 8월 17일 지금의 서울 소공동인 석정동 자신의 집 사랑채에 '천연당'이라는 사진관을 차렸던 거야.

김규진은 〈대한매일신보〉 1907년 8월 20일 자에 사진관 광고도 실었어. '석정동에 사진관을 개업하여 크고 작은 각종 사진을 싼 값에 촬영해 주니 많은 이용 바란다.'는 내용이었어.

천연당 사진관은 문을 열자마자 큰 사랑을 받았어. 사진을 찍으러 많은 사람들이 몰려들었지. 이듬해 설날이 낀 달에는 고객이 1천여 명에 이를 정도였어.

김규진은 아이디어가 풍부한 사람이었어. 여자 고객들을 끌어들이려고 최초로 여성 전용 촬영장을 만들었지. 촬영도 여성 사진사를 양성해 그에게 맡겼어. 이 전략은 성공을 거두어 많은 기생들이 사진을 찍으러 왔단다.

김규진은 1913년 인공조명 시설을 만들어 밤이든 낮이든, 날씨가 좋든 나쁘든 언제든지 사진을 찍을 수 있게 했어. 그리고 새로운 인화법을 도입하여 품질 좋은 사진을 뽑을 수 있게 했지.

하지만 천연당 사진관은 고객이 많음에도 불구하고 경영난을 겪었어. 고객들이 외상으로 사진을 찍고 그 값을 갚지 않았거든. 그래서 김규진은 〈대한매일신보〉에 '제발 사진 대금을 보내 달라.'는 광고를 내기까지 했어.

결국 그는 경영난을 이겨내지 못하고 사진관 문을 닫았단다.

천연당 사진관이 세워진 뒤 우리나라 사람들이 운영하는 사진관이 많이 생겼어. 그에 따라 고객들은 점점 늘어났고, 사진사는 잘 나가는 신종 직업으로 인기를 끌었지.

사진사들 가운데 자신의 직업에 대해 긍지와 자부심을 가진 사람은 천연당 사진관의 김규진이었어. 그는 사진을 대지에 붙여 고객에게 줄 때 '대한제국 사진사 김규진'이라고 반드시 적어 주었다는구나.

사진사들 가운데는 '충신 안중근'이라는 사진엽서를 만들어 판 사람이 있었어. 사진엽서는 이토 히로부미를 사살한 안중근 의사가 쇠줄로 묶인 채 여순 감옥의 옥문 앞에 서 있거나 앉아 있는 모습의 사진을 담았지. 이 사진엽서는 나오자마자 불티나게 팔려 나갔어. 안중근을 숭모하는 우리나라 사람들 사이에서 큰 유행을 불러왔지. 그러자 일제 경찰은 이를 내버려 둘 수 없었어. '치안 방해죄'를 내세워 안중근 사진엽서 판매를 금하고 이를 모두 압수했단다.

그런데 안중근 사진엽서를 처음 만들어 판 것은 일본인 사진사들이었어. 이들은 일본인과 조선인들이 거물 정치가인 이토 히로부미를 처단한 안중근이 어떻게 생겼는지 궁금해하리라는 데 생각이 미쳤어. 안중근 사진이 담긴 엽서를 만든다면 상업적으로 성공하리라 확신한 그들은 '이토 암살자, 안중근'이라고 쓰인 사진엽서를 만들어 팔았던 거야.

최초의 전화 교환수는 상투를 튼 남자?

우리나라에 전화가 처음 들어온 것은 1882년 3월이었어. 청나라 시찰단으로 갔던 유학생 상운이 귀국할 때 전화기 두 대와 전선 100여 미터를 가져와 시험 통화가 이루어졌어. 그 뒤 1896년 궁궐 내부에 궁중 전용 전화기 아홉 대를 설치했으며, 인천 감리영까지 전화를 개통했어.

우리나라에 전화가 처음 들어왔을 때 전화기를 덕진풍·다리풍·전어통 등으로 불렀어. 덕진풍과 다리풍은, 전화를 영어로 텔레폰이라 하니 그 영어 발음을 한자로 적은 것이야. 그리고 전어통은 '대화를 전달해 주는 장치'라는 뜻을 한자로 적은 것이지.

전화는 1902년 3월 20일 서울과 인천 사이에 시외 전화가 가설되고, 그해 6월 6일에는 서울 시내 교환 전화가 개통되었어. 그리하여 일반 백성들도 전화를 사용할 수 있게 되었지.

그러나 당시만 해도 전기와 전화는 낯설고 기괴한 것이었어. 전국에 가뭄이 들자 사람들은 "하늘의 전기 바람이 비구름을 말리고, 땅의 덕진 바람이 물을 말린다."며 전기와 전화를 멀리하였단다. 따라서 1902년 전화 가입자는 24명뿐이었고, 그 가운데 22명이 일본인, 2명이 조선인이었어.

하지만 날이 갈수록 전화 가입자가 늘어나 조선에는 1910년대에 전화기가 6,774대, 1920년에는 1만 5,641대, 1930년에는 4만 128대에 이르렀어. 그러나 그 가운데 70퍼센트 이상이 일본인 가입자였어.

〈동아일보〉 1920년 4월 12일 자에 다음과 같은 광고가 실렸어. 그것은 경성우편국에서 채용하는 여성 전화 교환수 모집 광고였어.

학력은 보통학교 졸업 정도. 제일 중요한 것은 일어. 나이는 15~16세에서 23~24세가 가장 적당. 성적이 우수한 전화 교환수는 4개월마다 승급. 기회가 되면 여성 판임관으로도 임명. 야근을 할 경우 경성우편국에서 철저하게 신변을 관리. 출퇴근 시간을 비롯하여 퇴근 후 집에 도착하는 시간까지 경성우편국에서 책임을 질 것임.

전화 교환수가 되려면 국어·산술·작문 등의 시험을 보아야 했어. 물론 국어는 일어였지. 적성 시험도 치렀는데, 전화 교환수가 되려면 예쁜 목소리와 밝은 귀를 갖고 있어야 했어. 당시 전화기는 자석식 전화기여서,

고객이 전화 손잡이를 돌려 전화 교환수를 불러내면, 꾀꼬리 같은 목소리로 "몇 번이십니까? 네!"라는 말을 반복하며 대 달라는 번호로 재빨리 전화를 연결해 주어야 했거든.

키가 너무 작으면 전화 교환수 시험조차 볼 수 없었어. 응시 자격은 142.4센티미터 이상이었어. 이런 기준이 생긴 것은 전화 교환대가 높았기 때문이었지.

전화 교환수는 오전 9시 30분부터 오후 4시 30분까지 근무했어. 사흘에 하루 야근을 하고, 45분간 일하면 15분을 쉬었어. 그러나 통화량이 가장 많은 오전 9시 30분부터 11시까지는 쉴 수가 없었어. 이때 전화 교환수가 전화를 연결해 주는 고객이 보통 200명 이상이었어.

전화 교환수는 결코 편한 직업이 아니었어. 녹음기처럼 똑같은 말만 해야 하고, 많은 고객들을 상대해야 했거든. 전화 연결이 조금이라도 늦으면 고객들로부터 온갖 욕설을 들어야 했어. 그리고 전화 교환수들을 감시하는 감독이 있어, 한눈을 팔거나 실수를 하면 꾸지람을 듣기 일쑤였어.

전화가 우리나라에 처음 들어왔을 때는 전화 교환수가 상투를 튼 남자들이었어. 하지만 이들이 거친 말투로 고객들과 자주 충돌하자 여성으로 바뀌었어.

전화 교환수가 여성이다 보니 고객인 남성과 로맨스가 이루어지기도 했어. 고종의 아들인 의친왕 이강의 마지막 후궁 홍정순은 창덕궁의 전화 교환수였어. 아름다운 목소리로 의친왕을 상대하다가 사랑에 빠져 후궁이 되었는데, 이때의 나이가 19세였어. 의친왕의 나이는 61세였지. 두 사람 사이에서 태어난 아들이 바로 「비둘기 집」이라는 노래로 유명한 가수 이석이야.

전화가 늘어나면서 전화 교환수도 따라서 늘어났어. 1930년대에 전국의 전화 교환수는 수천 명이나 되었지.

그러나 1930년대 중반에 전화 교환수가 필요 없는 자동식 전화기가 나오면서, 차츰 역사의 저편으로 사라지게 되었단다.

서울의 나무장수

　미국의 유명한 천문학자 퍼시벌 로웰은 1883년 겨울에 조선을 다녀간 뒤 〈조선, 조용한 아침의 나라〉라는 책을 펴냈어. 이 책에 보면 서울 장안의 거리 풍경을 묘사하면서, "나뭇짐을 실은 황소들이 숨을 헐떡거리며 끊임없이 장안으로 들어와 짐을 부리고는 다시 열을 지어 출발한다."라고 밝혀 놓았어. 그러고는 "거리들과 연결된 넓고 큰 광장에는 사람들이 많이 모인다. 광장은 나무를 팔고 사는 시장으로도 이용되는데, 무거운 짐을 내려놓은 황소는 나이 든 사람을 대하는 듯 유순한 태도로 주인이 일을 마칠 때까지 끈기 있게 서 있다."라고 상세하게 소개했단다.
　옛날에는 연탄·가스 등이 보급되지 않아, 음식을 하거나 방을 따뜻하게 하는 연료로 나무를 사용했어. 그래서 6·25 전쟁 뒤에도 나무를 팔러 다니는 나무장수를 흔히 볼 수 있었어.

농한기에 부업으로 나무장수를 하는 농민들은 나무를 내다 팔 때 지게에 지고 나왔지만, 전문 나무장수들은 이들과 달랐어. 로웰의 〈조선, 조용한 아침의 나라〉에도 나와 있듯이 황소가 끄는 수레나 길마에 나무를 가득 싣고 나왔던 거야. 이는 통나무를 길쭉하게 잘라서 쪼갠 장작이어서 '장작바리'라고 불렀어.

구한말에 서울에 공급된 나무는 뗏목을 이용해 한강으로 내려온 '뚝섬 나무'와 구파발·무악재를 거쳐 서대문을 통해 도성으로 들어오는 '고양 나무'가 있었어. '뚝섬 나무'는 한강으로 내려오지만, '고양 나무'는 나무장수가 뭍으로 직접 날라 오기에 '뚝섬 나무'보다 값이 저렴했다고 해.

'고양 나무'의 경우, 무악재에서 광화문 네거리에 이르는 동안 몇 군데에서 나무 시장이 열렸어. 크고 유명한 나무 시장으로는 독립문 근처의 화산 시장, 지금의 강북 삼성병원 근처의 서문 밖 시장, 새문안교회 근처의 서문 안 시장, 경복궁 동쪽 십자각 앞의 십자각 시장 등이 있었어.

당시에 이 나무 시장들을 장악하고 있던 사람은 최순영이라는 도매상인이었어. 그는 나무꾼이나 나무장수들에게 나무를 싸게 사들인 뒤, 가정집에 비싸게 팔아 부호가 되었지.

그런데 1910년경에 이 최순영에 맞서 나무 도매업에 뛰어든 사람이 있었으니, 그가 바로 브라이상이라는 프랑스 사람이었어.

'최순영이라는 자가 나무 장사로 떼돈을 벌었단 말이지? 으음, 그거 괜

찮은 장사로구나.'

브라이상은 광화문 네거리, 지금의 광화문 우체국 뒤편에 나무 시장을 열었어.

최순영은 이 소식을 듣자 브라이상을 골탕 먹이려고 무악재로 직접 나가 나무장수들로부터 나무를 사들였어. 그러다 보니 브라이상의 나무 시장으로 나무를 팔러 오는 사람은 아무도 없었어.

브라이상은 호락호락 당하고만 있지 않았어. 그는 화살통만 한 보온병에 커피를 끓여 담아, 새벽 일찍 무악재로 나갔어. 그러고는 고양에서 나무를 싣고 오는 나무꾼이나 나무장수들에게 일일이 인사를 했어.

"안녕하십니까? 저는 '고양 부씨(高陽 富氏)'입니다. 양탕국이나 한 잔씩 드시지요."

구한말 청나라를 통해 우리나라에 처음 들어온 커피는 사람들에게 '양탕국'이라 불리었어. '서양에서 들어온 끓여 마시는 국'이라는 뜻이었어.

나무장수들은 브라이상이 권하는 커피를 날마다 마셨고, 나중에는 중독이 되어 커피를 마시지 않으면 견딜 수 없게 되었어. 그리하여 브라이상은 양탕국 덕분에 나무꾼들과 가까워져, 나무를 값싸게 사들일 수 있었단다.

이렇게 되자 타격을 입은 것은 최순영이었어. 그는 '양탕국 상술'을 훼방하려고 마침내 이런 소문을 퍼뜨리기에 이르렀어.

"양탕국에는 독이 들어 있다. 자꾸 마시면 시름시름 앓다 죽는다."

말도 안 되는 소리였지만, 이 소문은 나무꾼들을 겁에 질리게 했어. 그도 그럴 것이, 1898년 8월 18일 고종과 세자가 커피 독살 사건으로 죽을 뻔한 일이 있었기 때문이야. 역관 김홍륙이 자신의 비리가 드러나자 고종에 앙심을 품고, 궁중 요리사를 시켜 커피에 독을 탄 거야.

　이런 사건까지 알게 되었으니, 나무꾼들이 양탕국을 기피하는 것은 당연한 일이었어. 나무장수들은 브라이상만 보면 달아나기 바빴고, 결국 그는 나무 도매상을 그만두고 말았단다.

4차 산업 혁명 시대의 유망 직업

컴퓨터 안에 있는 정보를 안전하게 지키는 정보 보호 전문가

지식 정보화 시대에는 IT 기술의 발달로 정보의 양이 폭발적으로 늘어났어요. 개인이나 기업, 공공 기관 등의 컴퓨터에는 수많은 정보들이 저장되어 있지요. 그런데 해커가 침입하거나, 바이러스 등으로 인해 정보가 손상되는 일이 끊임없이 일어나고 있어요. 이는 심각한 사회적 문제이자 재산상의 손실이 아닐 수 없어요.

해커의 공격과 바이러스의 침입으로부터 컴퓨터 안의 정보를 안전하게 지키는 사람이 생겨났어요. 그들이 바로 '정보 보호 전문가'예요.

정보 보호 전문가는 개인이나 기업, 공공 기관 등의 컴퓨터 시스템의 보안과 유지를 책임져요. 컴퓨터 안에 있는 정보를 함부로 열어 보지 못하도록 인증 시스템을 만들어 해커의 공격에 대비해요. 그리고 컴퓨터가 바이러스에 감염되지 않도록 바이러스 백신 프로그램을 개발해요. 또한 해커 공격과 바이러스의 침입으로 피해를 입었을 때 신속하게 손상된 시스템과 데이터를 복구하고 새로운 보안 체계를 마련하지요.

정보 보호 전문가는 정부 기관, 기업, 금융 기관, 정보 보안 관련 업체 등에서 일해요. 컴퓨터 해킹이 사회 문제가 되고 있고, 정보 보안의 중요성이 갈수록 커지고 있기 때문에 정보 보호 전문가의 수요가 앞으로 폭발적으로 늘지 않을까 예상되고 있어요.

정보 보호 전문가가 되려면 네크워크, 하드웨어, 소프트웨어, 데이터베이스 등 컴퓨터에 관한 전문 지식과 기술이 필요해요. 따라서 대학에서 컴퓨터 공학, 정보 통신공학, 전자공학, 정보 처리학 등을 전공하면 좋아요. 취업을 한 뒤에도 IT 환경 변화에 맞춰 꾸준히 공부를 해야 하고, 기업과 개인의 정보 시스템을 보호하고 지킨다는 사명감과 도덕성을 가져야 해요.

IT 시대에 새롭게 각광받는 드론 전문가

드론은 사람이 타지 않고 무선 전파로 조종하는 무인 항공기예요. 헬리콥터 모양의 비행체로 헬리콥터가 뜨는 것과 같은 원리로 공중에 뜨지요. 2000년대 초에 미국에서 군사용으로 개발되어 이라크전이나 아프가니스탄전에 출전했지만, 몇 년 전부터 드론 열풍이 불어 촬영·운송·농업·레저 등 다양한 용도로 활용되고 있어요. 그에 따라 드론을 다루는 드론 전문가들이 IT 시대에 새롭게 주목받고 있답니다.

드론 전문가가 활동할 수 있는 분야는 크게 여섯 가지로 나눌 수 있어요.

첫째는 드론 개발자예요. 드론의 비행체·모터·통신 기기·비행 제어 장치 등을 연구 개발하는 거지요.

둘째는 촬영용 드론 전문가예요. 드론은 카메라를 장착하여 사람이 가기 힘든 곳을 촬영할 수 있어요. 따라서 드라마·영화뿐 아니라 재해 현장, 탐사 보도, 스

포츠 생중계 등에 드론을 활용하며 촬영용 드론 전문가들이 맹활약하고 있지요.

셋째는 농업 분야 전문가예요. 이들은 드론을 이용하여 농약 살포, 방충 작업, 파종, 작황 분석, 산림 감시 등을 할 수 있어요.

넷째는 운송 분야 전문가예요. 해외에서는 드론을 이용한 택배 시장이 발전하고 있고, 사람과 화물을 실어 나르는 교통수단으로 개발 중이라고 해요.

다섯째는 인명 구조 전문가예요. 인천·부산 등의 바닷가에서는 드론이 구명 장비를 던져 주어 물에 빠진 사람들을 구해 주고 있어요. 구조용 드론이 활발하게 활동한다면 이를 관리하는 드론 전문가들도 늘어나겠지요.

여섯째는 드론 법률 컨설턴트예요. 현재 드론은 항공기로 취급받아 항공법의 규제를 받아요. 드론을 상업용으로 확장하려면 관련 규정이나 법 개정이 필요한데, 이를 조정해 줄 드론 법률 컨설턴트가 있어야겠지요.

현재 드론 전문가가 활동하는 곳은 드론 제작 및 교육 업체, 드론 촬영을 하는 영화사·방송국·영상 제작 업체 등이에요. 하지만 드론이 대중화된다면 농업·물류업·건설·엔터테인먼트 등 다양한 분야로 취업하여 많은 드론 전문가들이 활동하게 될 거예요.

요즘은 학생 및 일반인을 대상으로 한 드론 체험 교실·드론 과학 교실 등이 열리고 있어요. 대학에서도 드론 학과가 신설되고 '항공 드론 활용 전문가 창업 과정'이 개강하는 등 드론 전문가 양성이 이루어지고 있답니다.

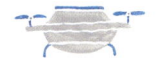

세계의 이색 직업

대신 사과해 주는 '대리 사과맨'

2009년 우리나라에서 '이기호'라는 작가가 첫 장편소설 〈사과는 잘해요〉를 펴냈어요. 이 소설은 돈을 받고 사과를 대신해 주는 '사과 대행업'에 나선 주인공들에 대한 이야기예요. 이들은 '부모나 부부, 형제, 친지, 친구, 이웃 주민, 직장 동료 사이, 알게 모르게 지은 죄들을 대신 사과해 드립니다. 주저 말고 연락 주세요.'라고 광고까지 하지요.

2013년에는 사과를 대신해 주는 도쿄의 '사죄 센터'를 중심으로 사건이 진행되는 코미디 영화가 일본에서 개봉되어 인기를 끌었어요. 사죄 센터 대표이자 '사과의 달인'으로 자타가 공인하는 쿠로시마 소장이 TV 광고까지 하며 회사를 홍보하고, 이 광고를 보고 찾아온 고객들의 의뢰를 받아 여러 가지 사건을 해결하지요.

그런데 돈을 받고 사과를 대신해 주는 '사과 대행업'은 소설이나 영화에만 나오는 것이 아니에요. 실제로 대신 사과해 주는 '대리 사과맨'이 있어 중국과 우리나라에서도 성업 중이랍니다.

중국에서는 대리 사과맨이 사과해야 할 사람을 찾아가 대신 사과해 주고, 상대의 오해를 풀어 주기도 해요. 중국인들은 좀처럼 사과를 하지 않는다고 해요. 전통적으로 체면을 중시하여, 사과를 하면 자신의 체면이 크게 손상된다고 생각하거든요. 그리고 문화 대혁명 때 자신의 잘못을 인정한 사람들이 대부분 감옥에 끌

려가거나 맞아 죽어, 중국인들은 여간해서 사과를 하지 않는다고 해요. 이렇게 상대에게 직접 사과의 말을 전하는 것을 꺼리는 그들로서는, 대리 사과맨이 있다는 것이 다행스럽기도 하겠지요. 사과 대행업은 베이징·상하이 등 대도시뿐만 아니라 전국 곳곳에서 인기를 얻고 있다고 해요.

우리나라에서도 사과 대행업은 널리 영업 중이에요. 사과 대행 비용은 전화로 3만 원, 직접 찾아가는 것은 15만 원이라는군요. 값이 좀 비싸긴 해도 고객들이 꾸준히 늘고 있다고 해요.

인형만 전문적으로 치료하는 인형 의사

2017년 1월 7일 미국 CBS 방송은 수술복을 입은 의사가 진지한 표정으로 수술을 하는 사진을 공개했어요. 그런데 수술을 받는 대상은 어린이들에게 큰 인기를 끄는 애니메이션 〈몬스터 주식회사〉의 주인공 마이크 와조스키 인형이었어요.

위스콘신 어린이 병원의 소아과 의사 트래비스 그로스는 왜 하필 사람이 아닌 인형을 수술하게 되었을까요?

그 이유는 간단했어요. 그가 근무하는 병원에 입원한 어린이 환자가 자기 인형을 수술해 달라고 부탁했기 때문이에요.

"의사 선생님, 내 친구가 많이 아파요. 수술해 주세요."

어린이 환자 라이언은 겨우 아홉 살이지만 지금까지 여덟 번이나 수술을 받았어요. 라이언에게는 인형 마이크가 둘도 없는 친구였어요. 그런데 애지중지하던

인형이 뜯어지자, 라이언은 의사 선생님에게 수술해 달라고 부탁했던 거예요.

소아과 의사 그로스는 당연히 라이언의 부탁을 들어주었어요. 인형을 말끔히 수술하여 라이언을 기쁘게 해 주었지요.

인형만 전문적으로 치료해 주는 사람을 '인형 의사'라고 해요. 그로스는 인형 의사가 아니었지만 어린이 환자를 위해 인형 의사 노릇을 했지요.

인형 의사는 고장 난 인형을 수리해 주는데, 부러지거나 찢어진 팔다리를 고치고 빛바랜 피부를 다시 칠해요.

인형 의사가 근무하는 곳은 인형 병원으로, 미국·일본·호주·포르투갈·한국 등 세계 여러 나라에 있어요. 인형 병원에서는 인형 환자를 입원시켜 수술(수리)한 뒤 어린이들에게 돌려보내지요. 입원 기간은 인형에 따라 다르지만, 길게는 6개월쯤 입원하기도 해요.

인형 의사가 가장 활발하게 활동하는 나라는 미국이에요. 미국 뉴욕에는 1900년 세워져 118년의 역사를 자랑하는 인형 병원이 있고, 인형 의사들의 단체인 인형 의사 협회도 있어요.

우리나라에는 국내 유일의 인형 병원인 '토이테일즈'가 있어요. 2016년부터 '인형 병원'이라는 호칭을 사용하며, 한 달 평균 100건 내외의 인형 수술을 진행한다고 해요.

제 5 부

다른 나라 사람들의 직업 이야기

로마인들을 열광시킨 전차 경기 기수

전차 경주는 말이 끄는 전차를 타고 달리는 경주야. 호메로스의 〈일리아드〉에는 전차 경주에 관한 기록이 있어. 영웅 아킬레우스가 친구 파트로크루스의 죽음을 슬퍼하며 그를 애도하는 뜻에서 전차 경주를 벌였지. 이 전차 경주에는 상품도 내걸었어. 1등에게는 미녀, 2등에게는 암말, 그 밖의 입상자에게는 솥·금화·그릇을 주었어. 〈일리아드〉에는 전차 다섯 대가 출전하여 벌이는 멋진 경주 장면을 생생하게 그려 놓았단다.

전차 경주는 고대 그리스에서 올림픽 정식 종목이었어. 네 마리 또는 두 마리 말이 끄는 전차 경주가 벌어져 그리스 사람들에게 인기를 얻었지.

그러나 올림픽은 4년에 한 번 열리기 때문에 그리스 사람들은 전차 경주를 자주 즐기지 못했어. 오히려 전차 경주를 자주 즐기고 열광적으로 좋아한 것은 고대 로마 사람들이었어. 로마에서는 전차 경주 전용 경기장이 있어 전차 경주가 축제일마다 열렸단다. 로마 사람들은 이런 시설을 '키르쿠스', 즉 '서커스'라고 했어. 전차 경주를 벌이는 타원형의 코스를 뜻하지.

로마에서 가장 큰 경기장은 키르쿠스 막시무스였어. U자형 구조로 삼면에 석조 계단형 좌석을 놓았지. 기원전 1세기인 카이사르 때는 15만 명이 들어갈 수 있었는데, 4세기인 콘스탄티누스 대제 때 증축하여 25만 명 이상을 수용할 수 있었어.

경주는 두 마리 또는 네 마리 말이 끄는 전차 경주로 나누어. 4.5킬로미터쯤 되는 경기장 일곱 바퀴를 돌아, 맨 먼저 결승점을 통과한 전차가 우승을 차지하는 것으로 했지.

한 경기에 보통 전차 4~6대가 출전했는데, 사고가 자주 나서 아주 위험했어. 마차끼리 서로 부딪쳐 다치거나 죽는 사람들이 많았어.

전차 경주는 녹색·청색·적색·백색의 4개 팀으로 나뉘어 벌어졌어. 기수는 자기 팀 색깔의 경기복을 입고 출전했으며, 관중들은 자신이 좋아하는 팀을 응원했어. 황제와 황족들은 녹색이나 청색 팀을 응원했다는구나.

관중들 중에는 열성 팬도 있어 자신이 지지하는 팀을 열렬히 응원했어.

때로는 다른 팀을 비난하며 그 팀의 팬들을 두들겨 패기도 했어.

적색 팀에 펠릭스라는 전차 기수가 있었어. 그는 전차 경주에서 우승을 많이 하여 인기가 높았는데, 어느 날 경기 중에 사고로 죽고 말았어. 충격에 빠진 한 열성 팬은 장례식에 참석해 펠릭스의 시신을 화장할 때 불속으로 뛰어들었다는구나.

전차 경주는 아우구스투스 황제 때 하루 12회의 경기를 했는데, 플라비우스 황제 때는 하루 100회의 경기를 할 만큼 폭발적인 인기를 누렸지.

하지만 전차 경주는 4세기경 로마가 멸망의 길로 들어서면서 점차 사라져 갔단다.

전차 경기 기수는 대부분 노예 신분이었어. 이들은 경기가 열리는 날에는 하루에도 여러 번 경기에 참가해야 했지. 1000번 이상 우승한 기수는 '밀리아리'라 부르며 영웅 대접을 했어. 관중들에게 엄청난 인기를 끌었으며 돈을 많이 벌었지.

전차 경주의 전설적인 영웅은 이베리아 반도 출신인 디오클래스였어. 그는 24년 동안 기수로 일하다가 42세에 은퇴했는데, 4,257번 전차 경주에 출전하여 1,462번이나 우승을 했다고 해. 그가 상금으로 받은 돈은 모두 3,500만 세스테르티우스였지. 디오클래스의 열성 팬들은 그의 업적을 기리는 비석을 세웠어. 그 비석에는 화려한 우승 기록과 상금 내력을 밝혀 놓아, 디오클래스를 전차 경기 최고의 기수로 치켜세웠단다.

목숨을 걸고 싸우는 검투사

고대 로마의 시민들은 공화정 시절부터 무상으로 양식을 배급받고 오락을 즐길 권리가 있었어. 그들이 받았던 이러한 혜택을 '빵과 서커스'라고 해. 로마의 시민들은 정치에는 무관심하고 '빵과 서커스'에만 관심이 있었다는구나. 그도 그럴 것이 그들 중에는 가난한 평민들이 많았거든.

이들은 로마의 장래를 결정할 투표권을 지니고 있었어. 정치인들은 시민들의 표를 얻으려고 여러 가지 선심을 썼지. 이들에게 몇 달치 곡식을 공짜로 나누어 주는가 하면, 많은 돈을 들여 전차 경주 · 검투사 경기 등을 열어 시민들을 즐겁게 해 주었어.

황제가 다스리던 제정기에도 마찬가지였어. 황제는 표를 얻을 일이 없었지만, 민심을 얻고 시민들의 정치적 관심과 욕구불만을 다른 곳으로 돌려놓기 위해 '빵과 서커스'에 신경을 많이 썼지. 옥타비아누스 황제는 로마 시 전체 인구의 3분의 1인 30만 명의 빈민에게 곡식을 공짜로 나누어 주었어. 또한 티투스 황제는 10년 공사 끝에 원형 경기장인 콜로세움을 세워 100일 동안 축제를 벌이며 검투사 경기 등을 열었단다.

로마의 시민들에게 폭발적 인기를 끈 것은 원형 경기장에서 벌어졌던 동물 사냥 경기와 검투사 경기였어. 원형 경기장에서는 아침에 트럼펫 소리와 함께 경기 시작을 알리면 먼저 사열식을 가졌어. 수많은 관중들이 지켜보는 가운데 경기 주최자인 정무관이나 황제가 들어오고, 오늘 경기의 주인공인 검투사들이 나타나 관중들에게 인사를 했지. 사열식을 마치면 오전에는 동물 사냥 경기, 오후에는 검투사 경기가 벌어졌어.

동물 사냥 경기는 맹수끼리의 싸움, 맹수와 인간의 싸움, 동물들의 서커스 등으로 이어졌어.

맹수끼리의 싸움은 사자와 표범, 호랑이와 사자, 황소와 곰, 코뿔소와 버펄로, 코끼리와 황소 등 서로 다른 동물들이 일대 일로 맞붙었어. 경기장 한가운데서 달아나지 못하게 긴 쇠사슬로 두 동물을 묶은 뒤, 옆에서 노예들이 갈고리로 찌르거나 때려 동물들을 흥분시켜 싸움을 붙였단다.

맹수와 인간의 싸움은, 한 사람 또는 여러 사람이 사자나 표범 등의 맹수와 대결을 벌이는 거야. 갑옷과 방패도 없이 창과 칼만 가지고 맹수와 싸우는데, 대부분 인간이 승리했지.

동물들의 서커스는 관중들에게 재미난 구경거리를 제공하기 위해 마련한 것이야. 사내아이가 황소 등 위로 올라가 춤을 추거나 체조를 하고, 호랑이 · 사자 · 곰 등 다른 동물 등으로 옮겨 타는 곡예를 보여 주었어. 또는 훈련받은 동물들이 뒷발로 일어서거나, 갑옷을 입고 검투사처럼 싸우는 모습을 흉내 내기도 했지. 그리고 사자가 토끼를 상처 나지 않게 살짝 물고 다니거나, 네 마리 코끼리가 곰을 태운 가마를 몰고 가는 재주를 보여 주기도 했단다.

그날 경기의 하이라이트는 오후에 벌어지는 검투사 경기였어. 칼이나 창, 도끼로 무장한 검투사들이 경기장에서 목숨을 걸고 서로 싸웠지.

경기장에서 벌어졌던 검투사 경기는 어느 한쪽이 죽을 때까지 싸워야 하는 끔찍한 살육의 현장이었어. 5만 명이 들어갈 수 있는 콜로세움(원형 경기장)이 처음 세워졌던 서기 80년 티투스 황제 때에는 이를 기념하여 100일 동안이나 시합을 벌였어. 그 후 트라야누스 황제 때에는 로마 군단의 승리를 자축하며 무려 123일 동안 시합을 벌였지. 이때 검투사가 1만 명이나 동원되었다는구나.

검투사들 간의 결투는 아주 치열했어. 검투사는 그물과 삼지창, 짧은 칼과 둥근 방패, 검과 헬멧 등 서로 다른 무기로 무장하여 맞붙어 싸웠지. 한쪽이 부상을 입어 시합에서 지면 관중들은 그를 살릴지 죽일지를 결정했어. 만약 진 쪽이 죽음을 두려워하지 않고 용감하게 싸웠다면, 관중들은 그를 살려 주라고 손수건을 흔들거나 엄지손가락을 위로 올렸지. 하지만 관중들이 엄지손가락을 아래로 내리면 그는 상대의 손에 죽을 수밖에 없었어.

검투사들은 대개 전쟁 포로나 노예, 죄수들 가운데 뽑혔는데, 검투사 훈련소에서 혹독한 훈련을 받았어. 그러고 나서 검투사 경기에 나가 3년 동안 온갖 결투를 치러야 했는데, 다행히 살아남으면 해방되어 많은 돈과 자유를 얻을 수 있었지.

사실 고대 로마에서 검투사 경기가 생긴 것은 장례식 풍습에서 비롯되었어. 유명한 사람이 죽으면 신에게 인간의 피를 바치고, 고인을 저승으로 편안히 보내기 위해 무덤 앞에서 검투사 경기를 벌였거든. 이때는 노예들끼리 싸움을 시켰는데 한쪽이 죽어야 싸움이 끝났다는구나.

이러한 관습이 관중들의 인기를 얻으려는 정치가들에 의해 공연으로 자리 잡으면서 국가가 시민들에게 제공하는 중요한 행사가 된 거야.

하지만 검투사 경기는 기독교가 로마의 종교가 된 뒤로는 점차 인기를 잃고 중단을 거듭하다가 681년에 완전히 사라졌단다.

세상을 깜짝 놀라게 한 예언가

예언가는 예언을 직업으로 하는 사람이야. 세계적으로 유명한 예언가 중에 노스트라다무스라는 사람이 있어. 노스트라다무스는 1547년부터 예언을 시작했는데, 1555년 운문으로 이루어진 예언집 〈세기〉를 펴내어 명성을 얻었어.

노스트라다무스는 이 책에서 "싸움터에서 단 한 번의 싸움으로 젊은 사자가 늙은 사자를 쓰러뜨리리라. 황금 우리 안에서 일격에 눈을 찌르니 두 군데의 상처가 하나 되어 참혹한 죽음을 맞이하리라."라고 예언했어.

이 예언에 나오는 '늙은 사자'는 프랑스 국왕 앙리 2세였고, '젊은 사자'는 스코틀랜드 근위대장 몽고메리 백작이었어.

앙리 2세는 당시 기사들이 벌였던 '마상 창 시합'을 좋아했어. 기사들은 전쟁이 없는 평화 시에는 '마상 창 시합'을 했는데, 얼마나 치열하게 싸우는지 전쟁과 다름없었어. 수많은 기사들이 이 시합으로 목숨을 잃었지.

1559년 에스파냐 국왕 필립 2세와 딸 엘리자베스의 결혼식 때 파리의 생 탕투안 거리에서 마상 창 시합이 열렸어. 앙리 2세는 이 시합에 직접 참가했지. 마상 창 시합은 토너먼트 경기였어. 앙리 2세는 느무르 공과 기즈 공을 차례로 물리친 뒤 결승전에서 몽고메리 백작과 맞섰단다. 이때 그는 투구가 제대로 닫히지 않은 상태에서 경기를 벌였어. 그러다가 그만 몽고메리 백작의 창에 왼쪽 눈을 찔린 거야. 앙리 2세는 일주일을 앓다 세상을 뜨고 말았지. 노스트라다무스의 예언이 그대로 이루어졌던 거야.

노스트라다무스는 젊은 시절에도 뛰어난 예언 능력을 지니고 있었어. 어느 날 그는 이탈리아를 여행하다가 펠리체 뻬레띠라는 수도승과 길에서 마주쳤어. 노스트라다무스는 갑자기 수도승 앞에 무릎을 꿇더니 이렇게 인사를 하는 거야.

"오, 교황님! 정식으로 인사를 드립니다."

주위에 있던 사람들은 이 말을 듣고 깜짝 놀랐지.

노스트라다무스의 이 예언은 그대로 이루어졌어. 1585년 펠리체 뻬레띠가 교황이 되었으니까. 그가 바로 교황 식스투스 5세야.

한 번은 노스트라다무스가 드 플로랭빌이란 귀족의 저택에 초대를 받아 갔어. 드 플로랭빌은 노스트라다무스의 예언 능력을 시험해 보려고 노스트라다무스에게 이렇게 말했어.

"우리 집에서 돼지 두 마리를 기르는데, 그놈들이 어떤 운명을 맞이할지 한번 맞혀 보시오."

노스트라다무스가 입을 열었어.

"검은 돼지는 우리가 먹을 것이고, 하얀 돼지는 늑대가 먹을 것입니다."

드 플로랭빌은 노스트라다무스의 예언을 틀리게 하려고 요리사를 따로 불러 이렇게 지시했어.

"너는 저녁 식사 때 하얀 돼지를 잡아 그 요리를 식탁에 올려라."

요리사는 귀족이 시키는 대로 하얀 돼지를 잡아 요리를 만들었어. 그런데 요리사가 잠시 자리를 비운 사이 늑대 한 마리가 나타나 그 요리를 먹어치웠어. 요리사는 할 수 없이 검은 돼지를 잡아 그 요리를 식탁에 올렸지.

드 플로랭빌과 노스트라다무스가 식사를 마쳤을 때 요리사가 귀족에게 진실을 밝혔어. 드 플로랭빌은 노스트라다무스의 예언이 적중한 것을 알고 소스라치게 놀랐지. 노스트라다무스는 이 동물 예언으로 명성을 얻었단다.

그 밖에도 그는 자신의 죽음을 비롯하여 18세기의 프랑스 혁명, 나폴레옹의 등장, 20세기의 제2차 세계 대전까지 예언했다고 전해지고 있단다.

르네상스 시대에 뛰어난 예언 능력으로 세상을 깜짝 놀라게 한 예언가로 프랑스의 노스트라다무스와 함께 영국의 로버트 닉슨과 마더 십턴이 있어.

로버트 닉슨은 아무도 눈여겨보지 않는 평범한 농부였어. 이따금 밭을 갈다가 과장된 몸짓으로 알 수 없는 말을 지껄이는 버릇이 있었지. 하지만 그의 말을 귀담아듣는 사람은 거의 없었어. 모두들 그를 미친 사람이라고 여겼지.

1485년의 어느 날, 닉슨은 밭을 갈고 있었어. 그런데 갑자기 쟁기를 멈추더니 하늘을 향해 두 팔을 벌리며 이렇게 소리치는 거야.

"오, 딕! 불행한 일을 당했구나. 오, 해리! 행운을 잡았구나. 드디어 해리가 최후의 승자가 되었어."

밭에 있던 사람들은 닉슨의 말을 전혀 알아듣지 못했어. 하지만 이튿날이 되어서야 그 뜻이 무엇인지 알 수 있었지.

딕은 영국의 왕 리처드 3세의 애칭이고, 해리는 헨리 7세의 애칭이야. 닉슨이 소리쳤을 때 리처드 3세가 전쟁터에서 죽고, 그 뒤를 이어 헨리 7세가 왕이 되었던 거지. 닉슨은 이런 예언으로 예언가로서 큰 명성을 얻었단다.

그 뒤 영국 왕은 닉슨에 대한 소문을 듣고 그를 궁전으로 불러들이라고 명했어. 하지만 닉슨은 궁전에서 사자가 오기도 전에 자신이 왕에게 불려갈 것을 미리 알고 있었어.

"궁전으로 가면 나는 굶어 죽을 텐데."

닉슨은 이렇게 중얼거리며 풀이 죽은 얼굴로 사자를 따라갔지.

왕은 닉슨이 정말 예언 능력이 뛰어난지 궁금했어. 그래서 닉슨이 오기 전에 다이아몬드를 궁전에 감춘 뒤, 잃어버린 다이아몬드를 찾게 해 달라고 청했지. 이때 닉슨은 영국의 속담을 입에 올렸단다.

"숨긴 사람이 찾을 수 있다."

왕은 깜짝 놀랐어. 그제야 비로소 닉슨의 예언 능력이 뛰어남을 인정했지.

닉슨은 자신이 궁전에 머물면 굶어 죽는다며 집으로 보내 달라고 왕에게 여러 번 청했어. 그러나 왕은 그것을 받아들이지 않았고, 궁전 관리에게 명하여 닉슨의 식사를 꼭 챙겨 주라고 신신당부를 했지.

그러던 어느 날, 왕은 지방으로 사냥을 떠났어. 그러자 궁전의 시종들은 닉슨이 왕에게 특별대우받는 것을 시기하여 그를 구박하고 모욕을 주었지. 닉슨은 궁전 관리에게 자신의 처지를 하소연했는데, 궁전 관리는 그를 보호하려고 궁전의 구석방에 숨겨 주었어. 그리고 끼니때가 되면 음식을 가져다주었지.

그런데 얼마 뒤, 왕이 사람을 보내 궁전 관리를 급히 사냥터로 불렀어. 그 바람에 닉슨에게 끼니를 챙겨 주지 못했는데, 사흘 뒤에 돌아와 보니 닉슨이 굶어 죽어 있는 거야.

마더 십턴은 스코틀랜드 여왕을 지냈던 메리의 처형, 제임스 1세의 즉위 등을 예언하여 유명해진 여자 예언가야. 그는 일찍이 1666년의 '런던 대화재'를 예언했는데 그것이 그대로 이루어져 사람들을 놀라게 했지.

가발을 쓰고 재판을 하는 법관

법관은 재판을 하는 판사를 말해. 재판을 통해 옳고 그름과 잘잘못을 가리는 사람이지. 법관은 재판이 열리면 법률에 따라 공정한 판단을 내리고 조정하는 역할을 한단다.

1823년 미국 미주리 주 세인트루이스의 지방 재판소에 제임스 페크라는 사람이 부임해 왔어. 페크는 이곳 재판소에서 판사로 14년 동안 일했는데, 하얀 헝겊으로 늘 눈을 가리고 있었단다. 재판을 받는 사람들의 얼굴을 보지 않고 공정하게 재판을 하기 위해서였지. 그러면 법원에 제출된 서류는 어떻게 보느냐고? 물론 눈을 가려 볼 수 없으니 법원 서기가 그 내용을 소리 내어 읽어 주었대. 그리고 법정에 들어설 때는 눈을 가린 그를 부축해 주었고 말이야.

19세기에 미국에는 페크 판사처럼 공정한 재판을 위해 노력한 법관이 있는가 하면, '엉터리 재판'으로 이름을 떨친 법관도 있었단다.

1882년 미국 텍사스의 국경 경비대에서는 치안 담당 판사를 찾고 있었어. 당시에 이 일대는 무법천지라 할 만큼 매우 어지러웠거든. 그래서 이왕이면 배짱이 두둑하고 힘이 센 사람을 치안 판사로 삼고 싶어 했지.

이때 치안 판사에 당선된 사람은 켄터키 출신인 로이 빈이었어. 빈은 스무 살 때 악당 한 사람을 살해하고 고향을 떠난 뒤, 아무에게나 결투 신청을 해서 죽이는 등 잔인하고 포악한 사람이었지.

빈은 치안 판사가 되자 사우스런 퍼시픽 철도의 런트리 역 앞에 술집 겸 재판소를 열고 '엉터리 재판'을 시작했어.

그는 어떤 사람이든 자기 마음에 들지 않으면 죄를 뒤집어씌워 사형을 선고하고 바로 처형해 버렸어. 하지만 자기 마음에 드는 사람이 있으면 살인죄를 저지른 죄인일지라도 무죄를 선언하고 석방해 주었지. 이를테면 자기 친구가 멕시코 사람을 권총으로 쏘아 죽였을 때는 "내 친구가 권총 쏘는 연습을 할 때 저 멕시코 사람이 그 앞을 휙 지나갔어. 그러니 내 친구에게는 아무 잘못이 없어." 하고 판결을 내리는 거야.

특히 빈은 재물에 관한 욕심이 많아 사람들에게 마구 벌금을 거두어들여 자기 호주머니를 채웠지.

어느 여름날, 빈은 자기 술집 앞에 쓰러져 있는 멕시코 사람을 발견했어. 그때 그는 검사관의 자격으로 몸을 뒤졌는데 40달러의 돈과 권총 한 자루가 나온 거야. 빈은 돈이 욕심나서 그 자리에서 멕시코 사람에게 '불법 무기 소지죄'를 매겨 벌금 40달러를 선고해 버렸지.

이런 식으로 엉터리 재판을 해 많은 돈을 벌었다는구나.

빈은 당시 그 지역이 무법천지라 할 만큼 매우 어지러웠기 때문에 그런 엉터리 재판을 할 수 있었겠지?

하지만 오늘날에는 빈 같은 법관은 찾아볼 수 없단다. 어느 나라에나 공정한 재판을 위해 세워 놓은 원칙이 있거든. 우리나라의 경우만 해도, 숨어서 재판을 하지 않고 여러 사람이 지켜보는 가운데 공개적으로 재판을 한다는 '공개 재판주의', 정확한 증거를 근거로 재판을 한다는 '증거 재판주의', 어떤 사건에 대해 일단 판결이 내리고 확정되면 그 사건을 다시 재판하지 않는다는 '일사부재리의 원칙' 등이 있단다. 또한 공정한 재판을 위해 같은 사건에 대해 세 번의 재판을 받을 수 있도록 하는 '3심 제도'를 두고 있고…….

법관에 대해 색다른 이야기를 한 가지 소개해 볼까?

영국 법원에서는 법관들이 가발을 쓰는 관습이 오늘날까지 전해 내려오고 있단다. 왜 법관들은 가발을 쓰게 되었을까?

프랑스 국왕 루이 13세는 23세인 1624년에 탈모 증세를 보여 대머리가 되었어. 그는 고민 끝에 가발을 쓰기 시작했지.

당시에는 가발 만드는 기술이 떨어져, 가발 쓴 티가 많이 났다고 해. 그래서 신하들은 왕이 가여워 모두들 가발을 썼는데, 이렇게 하면 누가 대머리인지 알 수 없기 때문이었지.

이때부터 가발을 쓰는 것이 프랑스 궁전을 중심으로 유행하기 시작하여, 17세기 후반에는 유럽 전체로 퍼져 나갔어.

영국에서도 찰스 2세 때인 1660년대에 귀족 남자들 사이에서 가발을 쓰는 것이 유행했어. 급기야는 영국 법원에서까지 재판관과 변호사들이 가발을 쓰기 시작했지.

그럼 법관들은 왜 법정에서 가발을 썼을까?

그 이유는 여러 가지가 있는데, 재판관과 변호사들이 위엄을 나타내 보이려고 가발을 썼다고 해. 다시 말하면 법정의 존엄과 권위를 살리기 위해서라는 거지.

그러나 어떤 사람들은 법관들이 과중한 업무 탓에 스트레스를 많이 받아 대머리가 되자, 그 결점을 감추려고 가발을 쓰기 시작한 것이 유행의 시초라고도 말해.

옛날에 법관들이 쓰는 가발은 주로 말총으로 만들었어. 사람 손으로 44시간 걸려야 겨우 하나를 완성해, 무척 비쌌지. 그러다 보니 당시 런던에는 법관들의 가발만 노리는 도둑들이 있었다는구나.

도둑들은 바구니에 아이를 태우고는 어깨에 짊어진 채 거리로 나왔어. 그랬다가 가발 쓴 법관이 지나가면 아이가 벌떡 일어나 가발을 벗겨 챙

졌지.

법관들은 한 번 장만한 가발은 평생을 쓰고 다녔어. 가발에 이가 들끓어도 절대 바꾸지 않았어. 오래되고 낡은 가발일수록 법관으로서 오랜 연륜과 풍부한 재판 경험을 나타내기 때문이었어. 어떤 변호사 집안에서는 94년 된 가발을 4대에 걸쳐 썼다고 해.

이렇게 비위생적인 오래된 가발을 쓰니 법정에는 역겨운 냄새가 진동했어. 그래서 어떤 법관들은 그 냄새를 막아 보려고 법정에 꽃을 가져오기도 했단다. 영국에서는 법관들이 가발을 쓰는 관습이 오늘날까지 전해 내려

오고 있어.

그런데 2003년 영국에서는 니콜러스 애디슨 필립스 대법원장이 "형사 재판을 제외한 민사, 가사 재판에서 잉글랜드와 웨일스 법관들은 더 이상 가발을 쓰지 않아도 된다."고 발표했어. 그리하여 법관들은 2004년 1월 1일부터 형사 재판을 제외한 민사, 가사 재판에서는 전통과 권위의 상징이었던 말총 가발을 벗게 되었지. 가발이 불편하고 비쌀 뿐 아니라 시대착오적이라는 의견이 많았기 때문이었어.

시체 도둑이 된 해부학자

　의사가 병을 잘 고치려면 사람의 몸에 대해서 잘 알아야겠지? 그 생김새나 구조, 기능 등을 확실히 파악하고 있어야 병의 진단이나 치료를 제대로 할 수 있으니까 말이야. 그래서 의학을 공부하는 사람들이 반드시 배워야 할 과목이 해부학이란다.

　해부학은 사람의 몸을 해부하여 그 구조를 밝혀내는 학문이야. 의과 대학에서는 해부학을 가르치는 교수가 죽은 사람의 몸을 해부하여 학생들에게 그 내부를 자세히 학습하도록 해 주지.

　서양 의학에서 최초의 해부학자로 꼽히는 사람은 고대 로마 제국의 명의였던 갈레노스야. 그는 마르쿠스 아우렐리우스 황제의 군의관으로서 검투사들을 치료하는 일을 맡았어. 내장이 드러나는 등 심한 부상을 입은 사람들을 돌보면서 해부학에 관심을 갖게 되었지. 당시에는 죽은 사람의 몸을 해부하는 것을 금했기 때문에, 갈레노스는 사람 대신 개, 돼지, 원숭이, 산양 등의 동물을 해부했어. 그렇게 해서 얻은 결과를 사람에게 적용시켜 연구를 계속하여 많은 책을 썼지.

그 뒤 갈레노스의 해부학 지식은 천 년이 넘도록 진리처럼 받아들여졌어. 해부학 교수들은 그것을 철석같이 믿어 자기 손으로 사람의 몸을 해부하지 않고 갈레노스의 책을 뒤적였지. 뿐만 아니라 사람의 몸을 해부할 수 있게 된 뒤에도 해부는 이발사에게 맡긴 채 갈레노스의 책을 펼쳐 놓고 거기에 나오는 장기를 꺼내어 보여 주도록 했어.

그런데 16세기 벨기에의 루뱅 대학에는 갈레노스의 해부학 지식에 많은 오류가 있음을 알고 해부학 연구에 몰두하는 교수가 있었어. 그는 다름 아닌 프랑스 파리에서 해부학을 공부했던 안드레아스 베살리우스였어.

'갈레노스는 사람 대신 다른 동물을 해부하고, 그것을 사람의 것인 양 설명해 놓았다. 그러니 당연히 오류가 많을 수밖에 없지. 사람의 몸을 알려면 사람의 몸을 직접 해부해야 한다.'

베살리우스는 직접 사람의 몸을 해부하기로 결심했어. 그래서 달이 뜨지 않은 어느 날 밤, 도시 변두리에 있는 처형장으로 향했지. 사형수의 시체를 몰래 가져오기로 한 거야.

처형장에는 사형수의 시체가 교수대에 매달려 있었어. 베살리우스는 그것을 끌어내려 자기 집에 가져갔어. 그리고 밤새도록 시체를 해부하여 그 내용을 적었지.

　1537년 이탈리아 파도바 대학의 해부학 교수가 된 베살리우스는 시체를 도둑질하면서까지 해부할 필요가 없어졌어. 이탈리아는 의학자라면 누구나 인체 해부를 할 수 있고, 파도바 시에서 사형수의 시체를 파도바 대학에 해부용으로 기증하기로 약속했거든.

　시체를 오래 두면 썩기 때문에, 방금 처형된 시체를 제공하려고 베살리우스의 해부학 시간에 맞춰 사형수를 처형하기도 했단다.

　베살리우스는 이렇게 좋은 조건에서 열심히 해부학 연구를 하여, 1543년 〈인체의 구조에 대하여〉라는 책을 펴낼 수 있었어. 이 책에는 갈레노스의 오류를 200가지나 지적하여 바로잡았으며, 그 책은 근대 해부학의 기초를 세운 명저로 평가되었지.

　그러나 당시에는 이 책에 대해 교회의 비난이 쏟아졌어. '성서에는 아담의 갈비뼈 하나를 떼어 이브를 만들었다는데, 어찌하여 베살리우스의 책에는 남자가 여자보다 갈비뼈 하나가 적지 않고 그 수가 똑같으냐?'는 둥, 별의별 트집을 다 잡았지.

　결국 베살리우스는 파도바 대학 교수에서 물러나야 했고, 1564년 성지 순례를 마치고 돌아오다가 그리스의 자킨토스 섬에서 숨을 거두고 말았단다.

　서양에서는 왜 중세에 인체 해부를 금했을까?

교회에서는 사람이 죽어도 영혼이 돌아와 다시 살아날 수 있다고 가르쳤어. 따라서 시체에 칼을 대는 것을 철저히 금했지.

특히 인체 해부에 대해서는 악마나 하는 일이라고 몰아붙였어. 사람의 몸을 하느님이 만들었는데, 어째서 사람이 감히 그 속을 열어 보고 조사하느냐는 거야. 그것은 하느님을 모독하는 짓이라고 했지.

1543년 베살리우스가 〈인체의 구조에 대하여〉를 출간하자, "베살리우스는 하느님을 모독한 악마다. 악마가 쓴 책을 불사르고 종교 재판에 넘겨야 한다."라고 교회에서 주장하기도 했단다.

동양에서도 인체 해부를 금했는데, 그것은 효도를 중요하게 여기는 유교적 전통 때문이었지. "자기 몸은 부모님에게 받았으니 머리털 하나라도 상하지 말아야 한다. 그것이 효도의 시작이다."라고 가르쳤거든.

조선의 실학자 성호 이익의 〈성호사설〉이라는 책에는 조선 광해군 때 형조 참판을 지낸 전유형에 대한 이야기가 나온단다. 전유형은 의술에 밝아 의학책까지 썼는데, 임진왜란 때 시체 3구를 해부한 적이 있었어. 그래서 더욱 의술이 깊어졌는데, 1624년 이괄의 난 때 반군과 내통했다는 죄를 뒤집어쓰고 억울하게 처형을 당했지. 그러나 그 당시 사람들은 전유형이 시체 해부를 해서 천벌을 받았다고 믿었다는구나.

문헌 기록대로라면 우리나라 최초의 해부학자는 전유형이라 할 수 있겠지?

4차 산업 혁명 시대의 유망 직업

다양한 소프트웨어를 전문적으로 개발하는 응용 소프트웨어 개발자

워드프로세서가 개발되기 전에 기업에서는 모든 직원들이 손으로 보고서를 썼어요. 그러다가 워드프로세서라는 프로그램이 나오면서 이런 방식은 사라지게 되었지요.

워드프로세서·회계 관리 시스템·재무 관리 프로그램·경영 정보 관리 시스템·전자 결재 프로그램·통계 처리 프로그램·발권 시스템 등 컴퓨터에서 특정 용도로 사용하기 위해 만든 소프트웨어를 '응용 소프트웨어'라고 해요. 응용 소프트웨어가 개발되면서 기업은 인사·제조·영업·유통 등 모든 분야에서 편리하게 업무를 보게 되었어요.

기업에서 필요한 응용 소프트웨어를 개발하는 사람은 응용 소프트웨어 개발자예요. 이들은 고객이 필요로 하는 것이 무엇인지 창의적으로 생각하고, 이전에 개발된 응용 소프트웨어에 대한 시장 조사를 벌여요. 그래서 소프트웨어의 용도를 파악하고 고객의 요구를 받아들여, 보다 편리한 소프트웨어에 대한 개발 계획을 세워요. 그리고 응용 소프트웨어를 만들기 위한 설계 작업을 벌인 뒤 프로그램을 개발하고, 여러 시험을 거쳐 완제품을 출시하지요.

응용 소프트웨어 개발자는 주로 소프트웨어 개발 업체, 시스템 통합 업체, 게임

업체, 금융 기관, 기업의 전산실 등에서 일해요. 컴퓨터가 아닌 스마트폰, 태블릿 PC 등이 대중화되면서 응용 소프트웨어 시장이 커져, 응용 소프트웨어 개발자의 수요가 늘어나고 있어요.

응용 소프트웨어 개발자가 되려면 대학에서 소프트웨어 공학, 컴퓨터 공학, 컴퓨터 시스템 공학 등을 전공하는 것이 좋아요. 기업에서는 응용 소프트웨어 개발을 위한 창의력, 새로운 기술을 익히려는 적극적인 자세, 원활한 의사소통 능력을 갖춘 인재를 원한답니다.

로봇을 연구하고 만드는 로봇 공학자

사람과 비슷한 모습과 기능을 가진 기계, 또는 무엇인가 스스로 작업하는 능력을 가진 기계를 '로봇'이라고 해요.

'로봇'이란 말은 1921년 체코의 작가 카렐 차페크가 발표한 희곡 〈로섬의 만능 로봇〉에 나오는 인조인간 '로보타'에서 비롯되었어요. '로보타'는 체코 말로 '강제 노동'을 뜻하는데, '노동자'를 뜻하는 '로보틱'과 합쳐져 '로봇'이란 말이 생겼지요.

그 뒤 로봇은 공상 과학 소설이나 영화에 단골로 등장하게 되었지만, 상상 속에 머물지 않고 우리 주변에서 쉽게 볼 수 있게 되었어요. 과학 기술의 발달로 공장에서 일하는 산업용 로봇이 나왔으며, 병원에서 수술을 돕는 로봇, 가정에서는 로봇 청소기와 애완견 로봇까지 등장했거든요.

사람과 비슷한 로봇을 '안드로이드 로봇'이라고 해요. 이 로봇은 사람의 모습을 닮았을 뿐 아니라 머리, 몸통, 팔, 다리가 있고 표정까지도 지을 수 있어요. 2014년 6월 일본의 기업 소프트뱅크는 안드로이드 로봇인 로봇 '페퍼'를 만들어 공개하여 화제가 되었어요. 페퍼는 사람과 농담을 나누는가 하면, 상대의 표정을 읽고 감정을 인식할 수 있어요.

이런 로봇을 연구하고 만드는 사람을 로봇 공학자라고 해요. 로봇 공학자는 산업·의료·해저 탐사·국방·교육이나 실생활에서 활용할 수 있는 로봇을 연구하고 개발해요.

로봇을 만들려면 전자 제어 기술, 센서 기술, 영상 처리 기술, 인공지능 등의 전문 지식과 기술이 있어야 해요. 이를 바탕으로 로봇을 설계하면 어떤 소재로 로봇의 모양을 만들고 디자인할지 연구하여 로봇을 완성하게 되지요.

로봇 공학자가 되려면 대학에서 기계공학·전기공학·전자공학 등을 배우거나, 최근에 개설된 대학의 로봇 관련학과, 로봇 교육을 시키는 특성화 학교인 로봇고등학교에서 공부하는 것이 좋아요.

로봇 공학자가 되면 로봇 개발 연구소나 교육 기관, 로봇 관련 제품을 만드는 기업에 취업할 수 있어요.

로봇 시장은 앞으로 더욱 확대될 것이기에 로봇 공학자의 미래 전망은 매우 밝다고 할 수 있어요.

세계의 이색 직업

이색 직업이 많이 있는 나라, 중국

　중국은 땅이 넓고 인구가 많은 나라예요. 그 많은 사람들이 함께 일하며 살아가야 하기 때문에 우리나라에서는 상상할 수 없는 별의별 직업이 다 있어요. 그 가운데 이색 직업을 알아보면 다음과 같은 것들이 있어요.

　'인간 내비게이션'은 땅이 넓어 길을 찾기 어려운 중국에서 쉽게 길을 찾아 주는 직업이에요. 톨게이트 요금소 근처나 복잡한 도로에서 '데리고 길을 가다'라는 뜻인 '다리루'라는 피켓을 들고 있는 사람들을 볼 수 있어요. 이들이 바로 '인간 내비게이션'으로, 다른 지역에서 온 차량의 운전자 옆자리에 앉아 길을 안내하고 돈을 받지요.

　'음식 주문사'는 손님들의 요청을 받아 음식을 대신 주문해 주는 직업이에요. '중국에서 가장 어려운 책이 식당 메뉴판'이라는 말이 있을 정도로, 식당 메뉴판을 보면 어려운 한자들도 많고 무슨 음식인지 알 수 없는 경우가 많아요. 그래서 손님들에게 음식에 대해 친절하게 설명해 주고, 식성에 맞춰 음식을 주문해 주는 직업이 생겼어요.

　'흥정 대리인'은 가격 흥정을 도와주는 직업이에요. 능수능란한 상인의 상술에 속지 않고, 소비자가 만족할 만한 가격대에서 물건을 살 수 있도록 가격을 대신

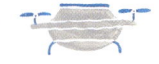

깎아 주는 것이에요. 상인이 부른 가격에서 자신이 깎은 가격의 30퍼센트를 수고비로 받는다고 해요.

'곡 도우미'는 장례식장에서 상주를 대신해 울어 주는 직업이에요. 빈소에 가기 전에 상주에게 고인의 경력과 생전 이야기를 들은 뒤, 그 내용을 섞어 곡을 하면 따라 울지 않는 유족이 없다고 해요.

그 밖에 중국의 이색 직업으로는 스트레스 해소용으로 대신 맞아 주는 '인간 샌드백', 자녀 교육을 위해 대신 아이를 때려 주는 '대타 체벌 도우미', 첫사랑의 연인을 찾아주는 '첫사랑 수색대', 저울로 몸무게를 재어 주고 돈을 받는 '체중 도우미' 등이 있어요.

신기한 직업을 만나다 – 스네이트 밀커 · 악취 감별사 · 물고기 계산원

세계의 이색 직업 중에는 이것도 직업일까 싶게 신기한 직업이 있어요. 그 가운데 몇 가지를 알아보면 다음과 같은 직업이 있어요.

스네이트 밀커는 뱀에게 독을 뽑아내는 직업이에요. 뱀을 보면 도망치는 것이 아니라 코브라 · 방울뱀 등 무서운 독을 가진 뱀에게 천천히 다가가 꼼짝 못 하게 만든 뒤 독을 얻어내는 거지요. 뱀에게 물리면 독이 온몸에 퍼져 죽을 수도 있으니, 세상에서 가장 위험한 직업이라 할 수 있겠죠? 왜 목숨을 걸고 뱀에게서 독을 뽑아내느냐고요? 그것은 뱀독이 해독제를 만들거나 뇌졸중 · 악성 종양 연구 등에 사용되기 때문이에요. 뱀독은 뽑아낸 즉시 얼리거나 건조하여 연구소 · 제약

회사 등에 팔아넘기지요.

　악취 감별사는 구강 청결제·냄새 제거제 등을 만드는 회사에서 일하는 직업이에요. 악취 제거를 연구하느라 발 냄새, 겨드랑이 땀 냄새, 입 냄새, 배설물 냄새 등 온갖 악취를 맡아 보지요. 여성들이 냄새를 잘 맡기 때문에 악취 감별사는 대부분 여성들이라고 해요. 사람들이 싫어하는 악취를 맡는 일이기에 상대적으로 높은 소득을 받는다는군요.

　물고기 계산원은 물고기의 수를 세는 직업이에요. 미국 워싱턴 호수에서는 물고기 산란기인 6월부터 10월까지 물고기 계산원이 날마다 새벽 1시에 깨어 10분마다 물고기의 수를 세는 일을 해요. 물고기들이 좁은 수로를 통과할 때의 개수를 파악하는 것이지요. 그렇게 하여 그 지역의 어업권을 통제하고 조절하는 데 필요한 정보를 얻는다는군요. 산란기가 절정을 이룰 때에는 물고기 계산원이 10분마다 세는 물고기의 수가, 홍연어는 최대 450여 마리, 치누크연어는 최대 70여 마리에 이른다고 해요.

■ **참고 문헌**

〈경성, 사진에 박히다〉, 이경민, 산책자, 2008
〈고대 로마인의 24시간〉, 알베르토 안젤라 지음, 주효숙 옮김, 까치, 2012
〈궁녀의 하루〉, 박상진, 김영사, 2013
〈나는 조선의 의사다〉, 이수광, 북랩, 2013
〈근대를 보는 창 20〉, 최규진 엮음, 서해문집, 2007
〈기록으로 보는 생활사〉, 부산대학교 한국민족문화연구소, 국가기록원, 2007
〈기상천외 조선사〉, 강영민, 이가출판사, 2010
〈너희가 포도청을 어찌 아느냐〉, 허남오, 가람기획, 2001
〈네 죄를 고하여라〉, 심재우, 산처럼, 2011
〈노컷 조선왕조실록〉, 김남, 어젠다, 2012
〈노회찬과 함께 읽는 조선왕조실록〉, 노회찬, 일빛, 2004
〈다시 발견하는 한국사〉, 이한, 뜨인돌, 2008
〈대중의 미망과 광기〉, 찰스 맥케이, 이윤섭 역, 창해, 2004
〈대항해 시대〉, 주경철, 서울대학교출판부, 2008
〈두산 세계대백과사전〉, 두산동아, 1996
〈뜻밖의 한국사〉, 김경훈, 페이퍼로드, 2015
〈럭키 서울 브라보 대한민국〉, 손성진, 추수밭, 2008
〈로마 검투사의 일생〉, 배은숙, 글항아리, 2013
〈로마의 하층민〉, 임웅, 한울아카데미, 2004
〈만물의 유래사〉, 피에르 제르마 지음, 김혜경 옮김, 하늘연못, 2004
〈말과 황하와 장성의 중국사〉, 니시노 히로요시 지음, 김석희 옮김, 북북서, 2007
〈말문을 열어 주는 이야기 창고〉, 홍영애·조은주·유수성, 북라인, 2005
〈말이 바꾼 세계사〉, 모토무라 료지 지음, 최영희 옮김, 가람기획, 2005
〈무삭제판 세계사〉, 기류 미사오 지음, 장미화 옮김, 서해문집, 2011
〈문화로 읽는 세계사〉, 주경철, 사계절, 2005
〈바다와 해적〉, 김석균, 오션&오션, 2014

〈백정, 외면당한 역사의 진실〉, 이희근, 책밭, 2013

〈베일 속의 한국사〉, 박상진, 생각하는 백성, 2002

〈벽광나치오〉, 안대회, 휴머니스트, 2011

〈부모와 함께하는 조선시대 역사문화 여행〉, 최정훈·오주환, 북허브, 2013

〈불량 직업 잔혹사〉, 토니 로빈슨·데이비드 윌콕 지음, 신두석 옮김, 한숲, 2005

〈브리태니커 세계대백과사전〉, 한국브리태니커회사, 1992

〈사라진 직업의 역사〉, 이승원, 자음과모음, 2011

〈서부개척시대 아메리카인의 일상〉, 필리프 자캥 지음, 이세진 옮김, 북폴리오, 2005

〈서프라이즈 세계사 100〉, 릭 바이어 지음, 채희석 옮김, 한숲, 2004

〈세계사 오류 사전〉, 조병일·이종완·남수진, 지오북스, 2007

〈세계사 칵테일〉, 역사의수수께끼연구회 지음, 홍성민 옮김, 웅진윙스, 2007

〈손에 잡히는 고려 이야기〉, 박기현, 늘푸른소나무, 2000

〈알고 보면 재미있는 우리 민속의 유래〉 2, 박호순, 비엠케이, 2016

〈알고 보면 지금과 비슷한 조선의 속사정〉, 권우현, 원고지와만년필, 2013

〈어, 그래?-세계사〉, 이규조, 일빛, 1998

〈어메이징 한국사〉, 도현신, 서해문집, 2012

〈에피소드로 본 한국사〉, 박상진, 생각하는백성, 2002

〈에피소드 한국사〉(조선편), 표학렬, 앨피, 2013

〈역사 속으로 떠나는 배낭 여행〉, 김영기, 북코리아, 2005

〈역사 스페셜〉 3, KBS 역사 스페셜 원작, 정종목 글, 효형출판, 2001

〈역사의 무대, 서울·서울·서울〉, 박경룡, 수서원, 2003

〈역사의 비밀을 찾아서〉, 한스 크리스티안 후프 엮음, 천미수 옮김, 오늘의책, 2004

〈역사ⓔ3〉, EBS '역사채널ⓔ' 제작팀, 북하우스, 2014

〈역사ⓔ4〉, EBS '역사채널ⓔ' 제작팀, 북하우스, 2016

〈옛날에도 변호사가 있었나요?〉, 민병덕, 책이있는마을, 2007

〈왕의 밥상〉, 함규진, 21세기북스, 2010

〈우리가 몰랐던 조선〉, 장학근, 플래닛미디어, 2010

〈우리도 몰랐던 우리 문화〉, 강준만 외, 인물과사상사, 2014

〈우리 산하에 인문학을 입히다〉, 홍인희, 교보문고, 2011

〈위대한 실패〉, 베른트 잉그마르 구트베를레트 지음, 장혜경 옮김, 율리시즈, 2014
〈유망 직업 백과〉, 김상호, 노란우산, 2015
〈의녀〉, 한희숙, 문학동네, 2012
〈의학사의 터닝 포인트 24〉, 로버트 E. 애들러 지음, 조윤정 옮김, 아침이슬, 2007
〈이덕일의 고금통의〉 2, 이덕일, 김영사, 2014
〈이덕일의 역사사랑〉, 이덕일, 랜덤하우스, 2007
〈21세기 웅진학습백과사전〉, 웅진닷컴, 1998
〈이향견문록〉, 유재건 지음, 실시학사 고전문학연구회 옮김, 글항아리, 2008
〈일상으로 본 조선 시대 이야기〉 1, 정연식, 청년사, 2001
〈임금 되고 신하 되고〉, 송기호, 서울대학교출판문화원, 2014
〈작지만 큰 한국사, 소금〉, 유승훈, 푸른역사, 2012
〈저잣거리의 목소리들〉, 이승원, 천년의상상, 2014
〈정보통신 역사기행〉, 이기열, 북스토리, 2006
〈조선과 만나는 법〉, 신병주, 현암사, 2014
〈조선 국왕의 일생〉, 규장각한국학연구원 엮음, 글항아리, 2009
〈조선 무사〉, 최형국, 인물과사상사, 2009
〈조선 백성 실록〉, 정명섭, 북로드, 2013
〈조선 부자 16인의 이야기〉, 이수광, 스타리치북스, 2015
〈조선사 진검 승부〉, 이한우, 해냄, 2009
〈조선사 클리닉〉, 김종성, 추수밭, 2008
〈조선 시대 사람들은 어떻게 살았을까〉 1, 한국역사연구회, 청년사, 1996
〈조선 500년 신통방통 고사통〉, 조성린, 동서문화사, 2007
〈조선왕조실록으로 오늘을 읽는다〉, 이남희, 다홀미디어, 2014
〈조선유사〉, 박영수, 살림Friends, 2010
〈조선의 9급 관원들, 하찮으나 존엄한〉, 김인호, 너머북스, 2011
〈조선의 로데오 거리에서 할렘까지〉, 배상열, 더블유출판사, 2009
〈조선의 르네상스인 중인〉, 허경진, 랜덤하우스, 2008
〈조선의 방외지사〉, 이수광, 나무처럼, 2008
〈조선의 엔터테이너〉, 정명섭, 이데아, 2015

《조선의 역사를 지켜온 왕실 여성》, 국립고궁박물관 엮음, 신명호 외 9인 지음, 글항아리, 2014
《조선을 뒤집은 황당무계한 사건들》, 정구선, 팬덤북스, 2014
《조선을 사로잡은 꾼들》, 안대회, 한겨레출판, 2010
《조선을 훔친 위험한 책들》, 이민희, 글항아리, 2008
《조선 전문가의 일생》, 규장각한국학연구원 엮음, 글항아리, 2010
《조선 직업 실록》, 정명섭, 북로드, 2014
《조선 최대의 과학 수사 X파일》, 이종호, 글로연, 2008
《조선 팔천》, 이상각, 서해문집, 2011
《조선 평전》, 신병주, 글항아리, 2011
《주제별로 보는 우리 역사와 문화》, 김경수, 돌을새김, 2012
《직업의 이동》, 신상진, 한스미디어, 2015
《책에 미친 바보》(이덕무 산문선), 권정원 편역, 미다스북스, 2004
《청소년이 궁금해하는 99가지 직업 이야기》, 한국고용정보원, ㈜휴먼컬처아리랑, 2014
《친절한 조선사》, 최형국, 미루나무, 2007
《타르타르 스테이크와 동동 구리무》, 정창수, 이매진, 2005
《퍼펙트 조선 왕조》 1, 이준구·강호성, 스타북스, 2014
《하룻밤에 읽는 숨겨진 세계사》, 미야자키 마이카츠 지음, 오근영 옮김, 중앙 M&B, 2003
《한국 근대사 산책》 2, 강준만, 인물과사상사, 2007
《한국민족문화대백과사전》, 한국정신문화연구원, 1991
《한국사를 바꿀 14가지 거짓과 진실》, KBS '역사추적'팀·윤영수, 지식파수꾼, 2011
《한국사 상식 바로잡기》, 박은봉, 책과함께, 2007
《한국세계대백과사전》, 동서문화사, 1995
《한국의 보부상》, 이창식, 밀알, 2001
《한국의 봉수》, 조병로·김주홍, 눈빛, 2003
《한국 최초 101장면》, 김은신, 가람기획, 1998
《홀로 벼슬하며 그대를 생각하노라》, 정창권 풀어씀, 사계절, 2003
《황금의 시대》, 이붕 지음, 이성희 옮김, 프롬북스, 2010